El mejor medicamento eres tú

Frédéric
Saldmann

El mejor medicamento eres tú

APRENDE A SANARTE DESDE EL INTERIOR
Y A PREVENIR ENFERMEDADES

AGUILAR

AGUILAR

Título original: *Le meilleur médicament c'est vous!*

D.R. © De esta edición:
Santillana Ediciones Generales, S.A. de C.V., 2014
Av. Río Mixcoac 274, Col. Acacias,
C.P. 03240, México, D.F.
www.librosaguilar.com/mx
f: /aguilarmexico
t: @AguilarMexico

Diseño de cubierta: Beatriz Rodríguez de los Ríos
Fotografía de cubierta: © Philippe Matsas/Opale

Primera edición: mayo de 2014

ISBN: 978-607-11-3209-3

Impreso en México

A Marine

Índice

Prefacio

«Una manzana cada día mantiene al médico en la lejanía. Siempre que apuntes bien y no falles.»

WINSTON CHURCHILL

Todo el mundo considera que como médico mi papel está muy claro: escucho, exploro, diagnostico y extiendo recetas. Es la esencia de mi profesión. Sin embargo, tengo la impresión de que no siempre respondo a la demanda profunda de los pacientes. En efecto, me sorprende que sean tantos los que con frecuencia vienen a mi consulta, ya sea para renovar una receta o por una nueva patología que se asemeja a la anterior. Con el tiempo debería haberme acostumbrado a ver siempre las mismas caras en la sala de espera. El paso de los años permite que mis pacientes y yo terminemos conociéndonos e incluso formamos una especie de «trío»: el médico, el paciente y la enfermedad. Nos preguntamos cómo estamos, nos contamos nuestras preocupaciones, nos damos ánimos y quedamos para otro día. Cada uno está instalado en su rutina. Y la cosa funciona. En realidad, no funciona tan bien como parece... Porque se podría hacer mejor, y con un método sencillo. El cerebro y el cuerpo humano disponen, en efecto, de unas capacidades muy poderosas que prácticamente nunca se utilizan. Sólo hay que activarlas para tratar con eficacia un número considerable de síntomas y enfermedades. El efecto es doble: al corregir la causa y no el efecto se disminuyen las recaídas y se construye una verdadera barrera contra las enfermedades. Albergamos en el fondo de nosotros medicamentos innatos para tratarnos, pero no los empleamos. Somos nuestra propia medicina, pero no lo sabemos.

Al escribir esta obra he querido dar la receta que nunca me hubiera atrevido a extender en la consulta y revelar un método para gozar de una salud mejor y cada uno se cure. Pondremos un ejemplo muy sencillo. Millones de pacientes toman medicamentos para el colesterol, la diabetes o la hipertensión. Estas personas ingieren todos los días comprimidos que en teoría las protegen de las enfermedades cardiovasculares. Sin embargo, las estadísticas demuestran claramente que esas píldoras no son talismanes: reducen un poco los riesgos, muchas veces con efectos secundarios molestos, pero no tratan las causas. Si se modifican algunos parámetros, a menudo es posible prescindir del tratamiento y resolver el problema... En efecto, ¡30 por ciento menos de calorías significa 20 por ciento más de vida! Bajar de peso, mejorar la alimentación y practicar una actividad física con regularidad pueden cambiarlo todo. Basta una cifra para comprender hasta qué punto todo eso es fundamental: 30 minutos de ejercicio físico al día reducen en 40 por ciento el riesgo de cáncer, de alzhéimer y de enfermedades cardiovasculares.

Pero eso no es todo. Uno puede por sí mismo protegerse y curarse de muchas enfermedades empleando métodos naturales. El organismo es una máquina de precisión que para funcionar sin atascarse necesita un equilibrio perfecto. La nutrición es uno de los puntos importantes. Imagina que pones carburante diesel en tu coche de gasolina y podrás observar los daños que produce una alimentación copiosa o desequilibrada. Hay otro tema que abordaré en este libro, aun a riesgo de quedarme un día sin empleo. Me refiero a todas esas enfermedades que se curan solas sin la intervención del médico y en las cuales los medicamentos son inútiles y a veces hasta peligrosos, como las anginas víricas o la gripe. Si se prescribe un tratamiento, podemos tener la impresión de que ha contribuido a la curación, pero no es así. Sin él, el resultado habría sido el mismo.

Durante toda nuestra vida el cuerpo está en constante proceso de renovación. Cada segundo se renuevan veinte millones de células que sustituyen a las que ya no sirven. El objetivo es fabricar nuevas células idénticas para remplazar a las muertas. Los errores de copia que se generan en estas divisiones son el origen de los cánceres. Es esencial, por tanto, que el organismo funcione en un entorno propicio para reducir al máximo el número de errores en el momento de la copia, fallas que con la edad tienden a aumentar porque la limpieza que realiza el sistema inmunitario ya no es tan eficiente. Citemos el ejemplo del tabaco, que aumenta los riesgos de mutación celular en los pulmones, la garganta y la vejiga. El estrés, el insomnio y la falta de ejercicio también impiden una buena reparación celular.

Sin duda en este punto ya habrás comprendido que es esencial entrar en un proceso de prevención primaria de numerosos trastornos para corregir sus causas y no sus efectos. En pocas palabras, no hay que comportarse como una persona asistida en lo que a su salud se refiere, sino como un emprendedor activo. En este libro daré las claves para gobernar el timón de tu salud y consolidar todos los ámbitos que la componen: alimentación, peso, alergias, sueño, tránsito intestinal, sexualidad, estrés, envejecimiento... Si tuviese que comparar mi obra con un objeto, escogería la navaja suiza: es multiusos y permite afrontar de manera inmediata y práctica todas las situaciones. Cómo superar las enfermedades y protegernos mejor con los medios que tenemos a mano, ésta es mi ambición para ayudar a vivir mucho tiempo y en buen estado de salud.

I

Combatir eficazmente el exceso de peso

«Hay algo aún más difícil que seguir un régimen,
y es no imponérselo a los demás.»

MARCEL PROUST

Las cifras son alarmantes: en Francia, una de cada diez personas tiene sobrepeso. Según la OMS, el sobrepeso o la obesidad afectan a mil cuatrocientos millones de individuos en el mundo. Es decir, a una persona de cada cinco. Además del problema de salud pública que eso plantea, el exceso de peso también constituye un riesgo enorme para la salud. Es la puerta de entrada tanto de los pequeños males de la vida cotidiana —el dolor de espalda y los dolores de rodillas— como de las enfermedades graves —el cáncer, las patologías cardiovasculares o la diabetes. A diferencia del dolor de muelas, que es un sufrimiento inmediato, el exceso de peso destruye el cuerpo poco a poco sin hacer ruido. Es la imagen del *bon vivant* que no se priva de nada, pero cuya vida se acaba un día de forma brutal, demasiado pronto, demasiado mal.

El éxito enorme de las dietas —desde las más serias hasta las más estrafalarias— demuestra que somos muchos los que queremos perder peso. Sin embargo, escondemos la cabeza debajo del ala: la mayoría de las personas que hacen dieta recuperan en menos de dos años todo el peso perdido, y a veces más. Como nutricionista puedo asegurar que lo mejor para perder peso es controlar la alimentación sin privarse del placer de comer.

El índice de masa corporal

Para saber si uno tiene exceso de peso basta con calcular el BMI (*body mass index*), IMC en español (índice de masa corporal = peso en kilos) dividido por el cuadrado de la altura en metros (altura multiplicada por altura). Si la cifra se sitúa entre 18 y 25, la corpulencia es normal. Por encima de 25 se considera que hay sobrecarga y a partir de 30 se habla de obesidad. Este índice está reconocido internacionalmente como un criterio fiable y evita que los individuos con sobrepeso se justifiquen aduciendo que tienen huesos y esqueleto pesados.

Los inhibidores del apetito que combinan el placer con la eficacia

No hay secretos: para perder peso hay que comer menos. La dificultad radica, por tanto, en reducir el apetito. Existen dos soluciones. La primera consiste en aceptar pasar hambre y cargarse de paciencia los primeros días, sabiendo que la sensación se irá atenuando. Pero para ello hace falta mucha fuerza de voluntad que permita resistir todas las tentaciones que uno tiene al alcance de la mano. La segunda es mentalizarse para aguantar mejor y acostumbrarse poco a poco a unos aportes calóricos diarios más bajos. He aquí algunas ideas para «engañar el hambre» cuya eficacia puede comprobarse con facilidad.

Las virtudes del chocolate negro cien por cien

Si experimentas compulsiones alimentarias que no eres capaz de controlar, haz una prueba muy sencilla. En el momento en que estás a punto de abalanzarte sobre productos grasientos, azucarados, salados y aumentar un kilo en cinco minutos, mastica de dos a cuatro pastillas de chocolate negro cien por cien y decide simplemente que te abandonarás justo después. Comprobarás que el resultado es inmediato. La ingesta de chocolate negro provoca una interrupción brutal de la compulsión alimentaria sin frustración y sin dolor.

Hay estudios científicos recientes que demuestran este mecanismo, que es de tipo fisiológico y no psicológico como a primera vista podría parecer. Investigadores neerlandeses propusieron a voluntarios oler y comer treinta gramos de chocolate negro. Observaron una reducción significativa del apetito tras esta ingesta pero sobre todo dosificaron ciertos factores hormonales en sangre como la ghrelina. La ghrelina es una hormona conocida por su papel en el desencadenamiento del apetito. Su tasa aumenta en un individuo que tiene hambre antes de una comida y disminuye después. Los investigadores observaron así que la ingesta de treinta gramos de chocolate negro provocaba una fuerte disminución de la ghrelina que coincidía con notable baja del apetito. Pero los efectos positivos del chocolate negro no se detienen ahí. Un estudio reciente publicado en Estados Unidos por la profesora Béatrice Golomb (Golomb *et al.*, 2012) acaba de demostrar, al contrario de lo esperado, que los consumidores regulares de chocolate negro están más delgados que quienes no lo consumen. He aquí lo paradójico: a pesar de sus quinientas cuarenta calorías en cada cien gramos, el chocolate negro cien por cien parece que además de ser un supresor del apetito, adelgaza. Los investigadores han constatado, pues, que el IMC de los consumidores de chocolate negro es más bajo que el de los no consumidores. El experimento se hizo con mil hombres y mujeres con edad promedio de 57 años. Se observó que el efecto óptimo se obtenía con una ingesta diaria moderada de chocolate negro, del orden de treinta gramos, y no con una gran cantidad semanal o mensual. Por ahora los investigadores sólo han constatado el fenómeno sin comprender exactamente su mecanismo fisiológico. Es posible, sin embargo, que el chocolate actúe disminuyendo el estrés, lo cual contribuye a reducir la compulsión alimentaria. Además, el chocolate es conocido por su contenido de polifenoles, moléculas orgánicas que tienen propiedades antioxidantes. Un estudio alemán ha constatado por su parte que el consumo regular de dos pastillas de chocolate negro al día provocaba una reducción de la tensión arterial, pudiendo la primera cifra (la tensión sistólica) bajar hasta tres puntos y la segunda (la presión diastólica) hasta dos puntos. El chocolate parece aumentar la flexibilidad de las arterias y tiene un efecto sobre la fluidez de la sangre.

Tal vez sea una de las explicaciones de la famosa *french paradox*, según la cual los franceses tienen dos veces menos infartos de miocardio que los norteamericanos. Eso se explicaría no sólo por la copa de vino tinto de cada comida, sino también por el chocolate negro. Los franceses, en efecto, son los mayores consumidores de chocolate negro del planeta, seis veces más que los de otros países.

Te será muy fácil encontrar chocolate en los supermercados, pero cuidado, no hay que hacer concesiones: dicho chocolate debe ser cien por cien y no 85 por ciento o 90 por ciento, pues el resultado no sería el mismo. Puedes tener esas preciosas tabletas en el despacho, en casa, en la cartera o en el bolso. En cuanto notes una compulsión, come unos gramos... de forma moderada.

Los misteriosos poderes del azafrán

El azafrán es una especia que se extrae de una planta: *Crocus sativus.* Desde hace mucho tiempo existen leyendas sobre su poder como inhibidor natural del hambre. Pero a veces, detrás de las leyendas, hay realidades. Y es lo que recientemente ha demostrado un equipo científico francés. Parece ser que el azafrán tiene un efecto anti *snacking* (antipicoteo) y aumenta de forma significativa la sensación de saciedad. El *snacking* corresponde a comportamientos incontrolados respecto a los alimentos y predispone al sobrepeso y a la obesidad. El estudio, que ha durado dos meses, se ha realizado con sesenta mujeres divididas en dos grupos, un grupo tomaba un suplemento de azafrán, y el otro, un placebo. La cantidad diaria de azafrán contenida en la cápsula era de 176.5 miligramos. Los resultados demostraron que la sensación de saciedad contribuía a reducir los factores de aumento de peso. Puedes utilizar el azafrán para sazonar casi todos los platos: pastas, arroz, verduras, carnes y pescados. No neutraliza el sabor de los alimentos, al contrario, lo potencia. Y además da un bonito color a los platos.

Hidratarse bien

También recomiendo beber agua en abundancia durante las comidas, al contrario de lo que dicen muchos tópicos. En efecto, hidratarse bien es esencial para evitar el cansancio y durante las comidas es cuando uno precisamente se acuerda de beber. El agua también puede actuar como regulador del apetito. Piensa siempre en tomar dos grandes vasos de agua antes de un aperitivo. Eso evita quitar la sed a base de bebidas alcohólicas y atracarse de galletas saladas. Asimismo, empezar una comida tomando un gran vaso de agua permite controlar mejor el apetito. Por otra parte, todos los manuales de protocolo recomiendan poner la mesa sin olvidar llenar los vasos de agua antes de que los invitados se sienten.

El reloj: un «gendarme» natural

Existen varias maneras de parar de comer. Una es notar que tienes el estómago a punto de explotar por la presión de los alimentos absorbidos —cosa que hay que reconocer que no es muy agradable— y otra es una sensación que tiene un origen distinto. Si adquieres la costumbre de hacer una pausa de cinco minutos en mitad de un plato antes de servirte más o entre plato y plato, verás que se produce de forma natural una sensación de saciedad. En efecto, esos preciosos cinco minutos permiten que el centro de la saciedad situado en el cerebro se estimule y entre en acción. Si practicas estas interrupciones durante un mes, constatarás que tu centro de saciedad, que estaba dormido, se ha reeducado y funciona maravillosamente para cumplir su papel de regulador del apetito. Sin saberlo, muchos restauradores utilizan ese «truco». Con el pretexto de unos postres que requieren larga preparación o que a veces no están en la carta, toman el lugar de los postres antes de servir la comida. Y tienen razón, porque todos lo han experimentado: cuando un postre tarda demasiado al final de la comida, ya no tienes hambre y preferirías anularlo.

La clara de huevo, ideal para engañar el hambre

Las proteínas, que pueden ser de origen animal o vegetal, son los constituyentes esenciales de las células de nuestro organismo. Son las que proporcionan nitrógeno a nuestro cuerpo, es decir, el elemento fundamental sin el cual no podría funcionar. De ahí la importancia capital de esas moléculas en nuestro organismo. Las proteínas están presentes en nuestra alimentación cotidiana: carnes, pescados, huevos, lácteos, féculas, cereales... Tienen una doble ventaja: su bajo contenido calórico y su gran poder nutritivo. De ahí su éxito en la elaboración de ciertas dietas.

La estrella de los inhibidores del apetito de origen proteico es, sin duda alguna, la clara de huevo. Con sólo cuarenta y cuatro calorías por cada cien gramos, la clara de huevo provoca una excelente sensación de saciedad. No contiene grasa, cero colesterol, y puede consumirse bajo distintas formas: claras de huevos duros (sin la yema), tortilla blanca, revuelto de claras de huevo mezcladas con hierbas frescas y con tomate. Provocan una sensación de saciedad que dura varias horas y constituye una barrera contra el *snacking* y las compulsiones alimentarias desestabilizadoras. Tomar dos claras de huevo duro antes de un aperitivo impide abalanzarse sobre las patatas fritas y los cacahuates, de los que un solo puñado representa un verdadero diluvio calórico. Las últimas investigaciones científicas han demostrado que, a igualdad de aporte calórico, uno se siente más saciado y durante más tiempo tras una comida rica en proteínas que tras una comida rica en glúcidos o en lípidos. La ingesta de proteínas provoca la emisión de un mensaje inhibidor del hambre a nivel de los centros reguladores del apetito.

Los alimentos ricos en proteínas

- Carnes blancas y rojas
- Huevos
- Pescados
- Frutos secos y legumbres (almendras, nueces, lentejas, alubias)
- Productos lácteos (yogures y quesos)

Los misterios del chile y la pimienta

El chile

Seguro que muchos han sido alguna vez víctimas de la broma que consiste en hacer tragar un chile escondido en un plato. El resultado es inmediato: una sed difícil de calmar y sobre todo una sensación muy fuerte de calor con una transpiración intensa. Al observar este fenómeno, unos investigadores norteamericanos se preguntaron si existía tal vez una relación entre el consumo de chile y el peso. En otras palabras, ¿el chile quema las grasas? Esos científicos, intrigados por el fenómeno, estudiaron los efectos del chile en voluntarios. Partieron de la hipótesis de que el chile estimulaba el gasto energético y aceleraba el metabolismo. El estudio demostró un aumento de la termogénesis (temperatura) después de la comida, así como un aumento de la oxidación de las grasas. Otro estudio, realizado en Bâton Rouge, Estados Unidos, midió el efecto calórico de la ingesta de un chile, que es de unas cincuenta calorías diarias, lo cual no deja de ser modesto...

La pimienta y la sal: el freno y el acelerador

La presencia de la sal es invisible en los alimentos y sin embargo constituye una amenaza para la salud si se consume en exceso. La mayoría de los científicos alertan contra ello. La relación entre la hipertensión arterial, las enfermedades cardiovasculares, la mayor frecuencia de cáncer de estómago y la osteoporosis ya se ha demostrado. Más recientemente se han hecho estudios que evidencian una asociación potencial con enfermedades autoinmunes como la esclerosis en placas. En la práctica, la sal ataca al organismo en todos los frentes, tanto dañando las arterias como favoreciendo la aparición de determinados cánceres. También cabe destacar que la sal es muy eficaz para abrir el apetito: por eso las galletitas, los cacahuates y las almendras que se toman como aperitivo son salados. Para las personas que desean regular su peso no son un buen aliado.

Pero ¿cómo sabemos si el aporte de sal diario es excesivo? No es nada fácil. Nadie es capaz de pesar la sal que absorbe durante el día. Vivir con una calculadora para saber cuánta sal contiene la loncha de jamón o el plato preparado no es práctico. Sumar los aportes de sal de veinticuatro horas es un rompecabezas chino. La solución es navegar usando el sentido común. Yo aconsejo no poner jamás un salero en la mesa, y menos aún echar sal antes de probar la comida. Acostumbrarse a cocinar sin sal también es una buena técnica. Haz la prueba de pedir en el restaurante un plato sin sal. También es un buen test para saber si los platos se preparan a pedido... Al principio de este pequeño juego, los alimentos te parecerán insípidos y desabridos. Eso dura unos quince días. El apetito disminuye claramente. Poco a poco, modificarás tu umbral para el gusto salado a nivel cerebral. Para que tengas una idea de lo que ocurre, es como si acostumbras a tomar el café sin azúcar. Si alguien añade un terrón de azúcar, no lo puedes tomar porque te parece repugnante. Todo el entorno alimentario presenta la misma modificación. La pastillita de chocolate que lo acompaña, ya no la soportas con leche y la prefieres lo más negra posible. Has cambiado. Tus gustos ya no son los mismos. No es que estés a dieta, sino que ahora lo que te da placer son sabores distintos. Al acostumbrarte a comer con poca o ninguna sal, ya no soportarás un plato demasiado salado. Has ganado la partida. Protegerás tus arterias, y tu riesgo de padecer cáncer de estómago será mucho menor. Y la cereza del pastel es que tu apetito será mucho más fácil de controlar.

El hecho es que espontáneamente consumimos demasiada sal. Es bueno, por tanto, acostumbrarse a comer lo menos salado posible. Para ello, un buen truco es sustituir la sal por la pimienta. Hay pimientas de varios colores: la gris, que sólo existe molida, la verde, la negra y la blanca, correspondiendo esos colores en general a un grado distinto de maduración en el momento de recoger las semillas. Pongo deliberadamente aparte la pimienta rosa, cuyo consumo conviene limitar, ya que puede presentar problemas de toxicología (pescado ivy), que pueden provocar dolor de cabeza, trastornos respiratorios, diarrea o hemorroides. Si eres muy aficionado a la pimienta rosa, debes emplear sólo unos pocos granos en un plato, no más. Hay que saber que la pimienta que venden ha sido muchas veces irradiada. En efecto, en los países productores, casi siempre las especias se secan en el suelo y contienen muchos microbios. Por tanto, es frecuente encontrar en la pimienta un millón de bacterias por gramo, así como salmonelas. Pero no te asustes: con la irradiación el producto queda esterilizado y se puede consumir con toda tranquilidad. Se trata de una técnica que mata las bacterias en los alimentos y no implica ningún riesgo para la salud.

La pimienta ha demostrado ser un aliado interesante para adelgazar, ya que atesora varias propiedades. Permite disminuir el apetito y facilita la digestión reduciendo las flatulencias. Cada día se descubren nuevas propiedades de esta especia. Por ejemplo, la pimienta parece que actúa quemando grasas e inhibiendo la adipogénesis (formación de grasas de reserva). Recientemente se han realizado estudios para analizar estas funciones sorprendentes. El profesor Kim de Corea ha demostrado que la pimienta actúa como reductor de la obesidad en los ratones. Otros trabajos han mostrado un efecto en la reducción del colesterol. Un equipo canadiense ha estudiado los efectos de la pimienta en la mujer cuando las comidas son especialmente ricas en grasas y azúcares. Se ha observado que añadir pimienta aumenta el gasto energético y quema más calorías, produciéndose una sensación de aumento del calor corporal. Un equipo científico japonés ha observado los mismos efectos en el hombre y ha constatado el mismo aumento del gasto energético.

Los postres que adelgazan

Un equipo de investigadores israelíes acabó con un tabú, al demostrar que tomar postre en el desayuno contribuye con más eficacia a la pérdida de peso. En individuos con sobrepeso han observado que los que tomaban un buen desayuno acompañado de postre obtenían mejores resultados al seguir una dieta que quienes no tomaban postre. El grupo privado de postre recibió, pues, un doble castigo, ya que la dieta en su caso funcionó peor. Las personas con postre estaban menos expuestas al hambre y no deseaban productos azucarados durante el día. Los científicos descubrieron la explicación de este fenómeno. El postre matinal disminuye la producción de ghrelina, hormona que provoca la sensación de hambre. Las personas que empiezan por la mañana con «lo prohibido de lo prohibido», es decir el postre, parten con la casilla del dulce ya marcada. Por consiguiente, ese postre matinal regulará la sensación de hambre todo el día, según ese equipo de reputados investigadores que trabajó con ciento noventa y tres personas aquejadas de sobrepeso.

Para mantener la línea es evidente que vale más abstenerse de tomar postre en cada comida. A veces es difícil, cuando estás en la mesa y todo el mundo se sirve, o cuando el restaurante propone una carta de ensueño. Sugiero que pidas un té verde en lugar de postre. Eso permite no estar con un plato vacío delante mirando a los demás con envidia; y no sólo eso, un equipo sueco acaba de demostrar que este recurso permite aumentar en dos horas la duración de la saciedad una vez terminada la comida.

El placer de regular el propio peso

Desconfiar de los platos preparados denominados «light»

Seamos sinceros: a menudo es triste comprar un plato al vacío o congelado de los llamados *light*. Aunque las fotos de la caja sean atractivas y el número de calorías que figure en el envoltorio sea tranquilizador, una vez en el plato la frustración puede ser grande. El consumidor tiene la impresión de sufrir un castigo, y el plato minúsculo que se le ofrece da pena. «Comer menos para engordar menos» no funciona muy bien. Las raciones ridículas en el momento de la comida provocan compulsiones alimentarias incontrolables durante el día. Recientemente, en una escuela inglesa, una niña ha creado un blog que hace furor. Ha fotografiado lo que le sirven en la cantina y ha calculado cuántos bocados representaba cada plato.

Yo he hecho la misma prueba con varios platos de régimen del mercado. En promedio, con tres o cuatro bocados terminas el plato. Y si encima está bien cocinado y tiene buen sabor, la frustración es mayor aún. Acabas de consumir justo lo necesario para desencadenar un apetito enorme que resultará imposible controlar.

Para desencadenar el fenómeno de la saciedad hay que tener en cuenta factores fisiológicos y psicológicos. Psicológicos porque si consumes un gran volumen de alimentos, la impresión de saciedad es mayor, y fisiológicos porque si la cantidad es la adecuada, se estimularán los barorreceptores sensibles a la presión sobre la pared interna del estómago provocando así una agradable sensación de saciedad. Algunos alimentos tienen la capacidad de hacer bulto aportando una tasa muy baja de calorías: por ejemplo, las setas (catorce calorías cada cien gramos), los tomates (veintiuna calorías cada cien gramos), o incluso cien gramos de patatas al vapor, que sólo contienen ochenta y cinco calorías. Una ensalada compuesta con estos alimentos, presentada en una gran ensaladera y sazonada con hierbas frescas y una pizca de vinagre balsámico representa un aporte calórico reducido y originará una excelente sensación de saciedad.

Saborear... el momento presente

Por la mañana, durante el primer café, ya estás pensando en la jornada que se anuncia, te proyectas al futuro y olvidas el presente. Ni siquiera sabes lo que estás bebiendo. Es en ese momento cuando debes cerrar los ojos, concentrarte en los aromas, en la buena temperatura del agua, en los olores que emanan de la taza. Si las cosas no son perfectas, puedes mejorarlas y constituir un entorno agradable. Algunos ejemplos: cambia de marca de café, comprende las sutilezas del sabor de las diferentes sustancias, escoge un buen agua mineral, adapta la temperatura, opta por el mejor modo de preparación, selecciona una taza de porcelana con los bordes finos. Aprende a construirte un nuevo universo de placer y disfrute exclusivamente tuyo. No costará mucho descubrir sensaciones sutiles y delicadas... pero hay que saber apreciarlas. Concentrarse en lo que uno hace, únicamente en el momento presente, permite recentrarse en uno mismo y abrirse más a los placeres. Lo que es cierto para una taza de café también lo es para otros momentos de la vida. Se trata de centrarse en el instante y saber escoger los más mínimos detalles que mejoren las sensaciones de bienestar. También es un excelente método para perder peso sin esfuerzo. Si engulles de forma mecánica la comida mientras piensas en otra cosa, corres el riesgo de ingerir demasiados alimentos. Si, por el contrario, a cada bocado eres capaz de saber por qué deseas el siguiente, regularás muy pronto tu medida. No hay nada más triste —y malo para la salud— que tomar calorías y ganar kilos comiendo platos que no merecen la pena.

2

Dinamizar el organismo

«La humanidad se divide en tres categorías: los que no pueden moverse, los que pueden moverse y los que se mueven.»

BENJAMIN FRANKLIN

Ahora que tiraste a la basura algunos tópicos sobre la alimentación, se trata de controlar tu peso con el fin de acelerar tu organismo y llenar el depósito de energía. No siempre es fácil porque nuestras vidas suelen ser muy estresantes y sedentarias. Para ello sólo hay un secreto: ¡moverse! La actividad física es tan esencial como cepillarse los dientes. En efecto, una actividad regular permite reducir en 38 por ciento todas las causas de mortalidad, con efectos más evidentes para determinadas enfermedades, como por ejemplo las patologías cardiovasculares. También permite luchar contra la obesidad y el envejecimiento. Para los más atrevidos, una forma complementaria y muy sorprendente de controlar el peso y rejuvenecer el organismo es la práctica —controlada— del ayuno.

Los beneficios de la actividad física

Los peligros del sedentarismo

Está demostrado que ingerimos diariamente demasiadas calorías, y el sedentarismo no hace más que empeorar las cosas. En Francia, un hombre ingiere en promedio dos mil quinientas calorías al día, y una mujer dos mil doscientas. Se ha observado en cambio que en la isla de Okinawa, en Japón, famosa por su tasa récord de centenarios, sus habitantes ingieren seiscientas calorías menos que el resto de la población. Cuando sabemos que un exceso de sólo cien calorías al día representa tres kilos más al final del año en la báscula, la importancia del tema es obvia. Pero, cuidado, no basta con estar delgado para estar sano. El ejercicio físico regular es lo que marca la diferencia. En efecto, la actividad física contribuye activamente a mantener la pérdida de peso después de una dieta, contrarrestando el efecto yoyo. Es algo importante, pues sabemos que 95 por ciento de los individuos que se someten a un régimen para adelgazar vuelven a engordar en los dos años siguientes.

Pero, cuidado, lo importante no es necesariamente la cifra que aparece en la báscula, pues los músculos son más pesados que la grasa. Con un tamaño igual, una persona musculosa presentará un peso superior a otra cubierta de grasa. Un error frecuente es pensar que hacer deporte adelgaza. Es un complemento útil en un proceso global para procurar tener un cuerpo sano. Hace poco se descubrieron cuáles son los beneficios reales del deporte sobre la salud. Los últimos avances científicos han permitido conocer los efectos concretos de la actividad física en la salud, cuáles son los deportes que conviene practicar y con qué frecuencia para que la eficacia sea óptima.

La prevención de las enfermedades

La actividad física regular es ante todo eficaz para prevenir las enfermedades cardiovasculares. Para comprender este efecto positivo los investigadores han realizado diferentes estudios que han puesto en evidencia varios niveles de acción. Cuando el corazón debe realizar un esfuerzo físico, la demanda de oxígeno aumenta. Para responder a esa demanda la frecuencia cardiaca se acelera a fin de aumentar el caudal sanguíneo. Es el corazón el que proporciona el oxígeno al cuerpo mediante los glóbulos rojos. Cuando la frecuencia cardiaca aumenta, el organismo consume más oxígeno. El oxígeno es necesario pero al mismo tiempo actúa sobre el cuerpo humano como una especie de veneno, provocando un desgaste de las células. Es como un coche que consume demasiado y que para recorrer los mismos kilómetros gasta más gasolina. Al acostumbrar al corazón a trabajar con frecuencias más elevadas, se favorece una disminución de la frecuencia cardiaca en reposo. Por eso los deportistas tienen corazones más lentos. Se ha demostrado además que una frecuencia más lenta del corazón es beneficiosa para la salud. Para seguir con la metáfora del coche puedes compararlo con un motor que al ir más despacio gasta menos.

La ballena azul: una cierta idea de la eternidad

La ballena azul es el animal más grande que existe en nuestra época. Es famosa por su longevidad, de 80 años en promedio pero puede alcanzar los 130. Llega a medir más de treinta metros de largo y pesa hasta ciento ochenta toneladas (cuando un dinosaurio pesaba unas noventa toneladas). Lo que reviste especial interés es la relación entre el peso del animal y su longevidad. Se ha demostrado a menudo que cuanto mayor es el tamaño de un animal, más posibilidades tiene de ser longevo. Es lo contrario de lo que ocurre en el ser humano, en el cual el sobrepeso reduce netamente la esperanza de vida. Si examinamos más de cerca la fisiología de la ballena, veremos que su corazón late muy despacio: ocho pulsaciones por minuto cuando está en la superficie, y la frecuencia puede bajar hasta cuatro pulsaciones por minuto cuando el cetáceo está en la profundidad.

Pero no te asustes si tu corazón late demasiado deprisa en reposo. La frecuencia cardiaca media se sitúa alrededor de los ochenta latidos por minuto. Si esta frecuencia es demasiado alta —lo cual se llama taquicardia—, tu médico determinará la razón. Las causas de una taquicardia son múltiples. Ocasionalmente puede producirse por esfuerzos físicos, fiebre, exceso de bebidas alcohólicas, estrés, deshidratación, consumo de excitantes, hipertiroidismo... Además de estas causas que no son de origen cardiaco, existen otras puramente cardiacas, que van desde la insuficiencia cardiaca hasta la embolia pulmonar. Si tu médico llega a la conclusión de que no tienes nada de eso pero tu frecuencia en reposo, a pesar de todo, es demasiado rápida, existe un excelente tratamiento para disminuir ese ritmo y aumentar la longevidad: el ejercicio físico cotidiano entre treinta y cuarenta minutos al día, como la marcha rápida, la bicicleta o la natación.

El colesterol

El colesterol es una sustancia grasa esencial para el organismo que interviene en la composición de las membranas de nuestras células y en la síntesis de ciertas hormonas (entre ellas, las hormonas sexuales) y de la vitamina D. El colesterol es producido esencialmente por el hígado (unos dos tercios) y el resto lo aporta la alimentación.

Como la actividad física quema azúcar y grasas, los niveles de azúcar y de colesterol malo en la sangre bajarán, reduciendo las placas de arterioesclerosis que obstruyen las arterias y son causa de los accidentes vasculares cerebrales con riesgo de hemiplejia, infarto de miocardio y artritis de los miembros inferiores. Se ha demostrado que practicar una actividad física con regularidad reduce en 60 por ciento la predisposición a la diabetes tipo 2. Por último, la demanda de aumento del caudal cardiaco tiene otro efecto positivo para la bomba que es el corazón. Al lado de las arterias coronarias, que tienen la misión de irrigar bien el corazón, se formarán pequeños vasos para mejorar el flujo sanguíneo. Es un verdadero circuito paralelo el que se desarrolla, constituyendo así una especie de grupo electrógeno de emergencia cuya presencia será fundamental en el caso de oclusión en una de las «tuberías principales». El corazón regularmente entrenado se cansa menos, es más eficaz y se protege mejor de los riesgos de infarto de miocardio.

Los efectos beneficiosos de la actividad física también se han observado en la disminución de la frecuencia de ciertos cánceres, como el de colon, de próstata o de mama. Pero el descubrimiento reciente más sorprendente tiene que ver con el alzhéimer. Esta patología, cuya frecuencia no cesa de aumentar, no tiene por ahora tratamiento médico para frenar su temible evolución. Se ha observado, sin embargo, que el deporte contribuye a mejorar la circulación cerebral, provocando una mejor oxigenación del cerebro. Los ejercicios físicos son tan eficaces para la memoria como los esfuerzos cerebrales. La actividad deportiva favorece la producción de nuevas neuronas y mejora el aprendizaje y la memoria. El resultado tiene como efecto retrasar de forma significativa la aparición de esa terrible enfermedad.

Cómo y dónde practicar deporte

Una vez que hemos comprendido los vínculos entre la actividad física diaria y la salud, hablemos de la práctica. ¡Y ahí es donde las cosas se complican! ¿Cuántos a comienzos de año hicieron buenos propósitos y luego no los cumplieron? Te inscribes en un gimnasio y luego no pones ahí los pies, compras un aparato para hacer deporte en casa que acaba arrumbado... Las excusas que nos damos siempre son las mismas: no tengo tiempo, empezaré cuando esté de vacaciones, etcétera. Esta estrategia de dejarlo para mañana acaba perjudicando nuestra salud. Por consiguiente, hay que empezar enseguida. Así, la gran cuestión es saber qué deporte practicar y con qué frecuencia. Si realmente no tienes tiempo que dedicarle a un deporte en particular, te recomiendo practicar actividades simples y poco costosas, como la marcha rápida, la bicicleta o el *jogging*. Lo más fácil es sin duda la marcha rápida, pero hay que practicarla de cualquier manera.

La diabetes

La diabetes es una disfunción de la asimilación y la regulación del azúcar (glucosa) que la alimentación aporta al organismo. Cuando comemos, absorbemos azúcar, que es la principal fuente de energía que permite al cuerpo funcionar. En un individuo normal es la insulina, producida por el páncreas, la que se encarga de difundir el azúcar por el organismo y regular su nivel en sangre (glucemia). La tasa normal de glucemia es de 0.70 a 1.10 gramos por litro. En las personas diabéticas ese circuito ya no funciona y la sangre contiene demasiada azúcar (hiperglucemia). Hay dos tipos de diabetes: la diabetes tipo 1, llamada insulinodependiente, que afecta a individuos jóvenes, en la cual el cuerpo no fabrica insulina; y la diabetes tipo 2, llamada no insulinodependiente o grasa, que afecta a los individuos de más edad y en la cual la insulina se produce pero no en cantidad suficiente. La diabetes tipo 2 es la más frecuente (85 por ciento de los diabéticos) y afecta muchas veces a personas con sobrepeso y sedentarias.

Para que sea eficaz hay que caminar tres kilómetros en treinta minutos sin detenerse. Durante los veinte primeros minutos se quema azúcar, lo cual no es lo más importante, aunque siempre será beneficioso para la salud. Lo esencial es lo que ocurre en los diez o veinte minutos siguientes, durante los cuales se queman las grasas malas. Este ejercicio sigue siendo difícil de practicar en la ciudad, donde hay que pararse a cada rato en los semáforos o simplemente porque las aceras están atestadas. Si no puedes ir en bicicleta, correr o caminar deprisa, basta disponer de un par de pesas para conseguir los mismos efectos beneficiosos. En efecto, investigadores estadounidenses acaban de demostrar el impacto de esta práctica sobre la salud. Los resultados ponen de manifiesto que con dos horas y media por semana de ejercitar los brazos con pequeñas halteras o pesas —que encontrarás en cualquier gran superficie— los individuos reducen en 34 por ciento la probabilidad de padecer diabetes tipo 2 (véase recuadro de página anterior). La explicación es sencilla: los músculos son grandes consumidores de azúcar; cuanto más desarrollados están, más azúcar se quema.

Los milagros de la escalera

Si eres reacio a cualquier actividad física, ¡tampoco te librarás tan fácilmente! Porque existe otra solución sencilla, al alcance de todos, para hacer deporte todos los días sin que el esfuerzo sea excesivo: las escaleras. El equipo del profesor Meyer (Meyer *et al.*, 2010), en el hospital de Ginebra, ha realizado un estudio para saber si subir o bajar escaleras era realmente beneficioso para la salud. Para ello examinó a setenta y siete personas durante tres meses, pidiéndoles que subiesen y bajasen todos los días veintiún pisos. Los resultados superaron ampliamente las expectativas científicas en cuanto a la eficacia de esa práctica. Subir y bajar escaleras realmente adelgaza. La pérdida de peso observada fue de una media de quinientos cincuenta gramos en los participantes, con una reducción del perímetro abdominal de un centímetro y medio. Conociendo la relación directa que existe entre las enfermedades cardiovasculares y el perímetro abdominal, se comprende hasta qué punto es importante este resultado. En cuanto una persona sube o baja una escalera, el contador de las calorías empieza a girar en el buen sentido: 0.11 calorías por cada escalón que se sube y 0.05 calorías por cada escalón que se baja. Una persona que suba y baje los escalones durante quince minutos al día pierde ciento cincuenta calorías de media, y en treinta minutos trescientas calorías, es decir, el valor calórico de un *croissant*. Una persona que suba y baje el equivalente de veintiún pisos al día mantiene su peso de forma duradera como mínimo dos kilos por debajo de su peso inicial. E incluso los más perezosos se ven recompensados: en efecto, los que toman el ascensor para subir pero bajan a pie pierden al menos un kilo al año.

Los beneficios de las escaleras para la salud no se limitan a eso, puesto que también se les reconoce un papel en la prevención de las enfermedades cardiovasculares. El primer estudio que puso de manifiesto este elemento se publicó en 1953 en una revista científica prestigiosa, *The Lancet*, pero pasó inadvertido. Se refería a los conductores y revisores de autobuses en la ciudad de Londres. Todos los autobuses rojos de esa ciudad tienen dos pisos. El conductor se pasa la jornada sentado, el revisor en cambio sube y baja durante ocho horas al día. El estudio demostró que los revisores tenían 50 por ciento menos enfermedades cardiovasculares que los conductores gracias a esa actividad física cotidiana. El profesor Morris, que fue el iniciador del estudio, indicó entonces que pensaba que el auge de las enfermedades cardiovasculares guardaba una estrecha relación con nuestro modo de vida.

Posteriormente ha habido otros estudios científicos que permiten comprender por qué y cómo resultaban saludables las escaleras. De hecho, en los individuos que deciden no utilizar el ascensor y subir los pisos a pie se ha constatado una disminución significativa de la tensión arterial. Cabe señalar que en el momento de ascender la tensión arterial en los deportistas de las escaleras aumenta, pero al pararse disminuye y queda fijada a un nivel más bajo. Puesto que la hipertensión arterial es una verdadera plaga que favorece la aparición de enfermedades como infartos de miocardio y hemiplejias, se comprende lo interesante que es practicar una actividad que reduce la presión de las arterias. En el estudio suizo del profesor Meyer, los participantes gozaron de una disminución media de un 1.8 por ciento de la tensión arterial. Este ejercicio también contribuyó a una baja de 3 por ciento del colesterol que poco a poco va taponando las arterias. La capacidad respiratoria aumentó en 6 por ciento al cabo de tres meses, lo cual es excelente para una mejor oxigenación de los tejidos.

La actividad física diaria es, por tanto, una obligación, y casi me atrevería a decir que un derecho vital para mantenerse sano. Como decía en la introducción, treinta minutos de ejercicio diario disminuyen en 40 por ciento todas las causas de mortalidad, tanto de las enfermedades cardiovasculares como de los cánceres o del alzhéimer. Todo eso puede obtenerse simplemente utilizando las escaleras de la vivienda o de la oficina. Haz cuentas y verás que al día se llega sin dificultad a los veintiún pisos. Aumentar la capacidad física y respiratoria, bajar la presión arterial y el colesterol malo, perder grasa y perímetro abdominal de forma duradera constituyen una recompensa para los que renuncian a los ascensores y a las escaleras mecánicas. Lo que está en juego es demasiado importante para perder un solo minuto. Hay que empezar ya.

Ayunar... para mantenerse joven

En lo más hondo de nuestras células se esconde una función asombrosa que permite al organismo rejuvenecerse, como si se autorrenovase. Esa capacidad puede despertarse mediante una forma particular de alimentación: el ayuno intermitente.

Un poder muy antiguo

Todo empezó hace miles de años, cuando el ser humano vivía de la caza y la recolección y tenía que enfrentarse al frío, al peligro y a periodos de escasez. El organismo se adaptó entonces sabiendo hacer frente a la penuria y ayunando naturalmente de forma intermitente. El cuerpo humano de nuestros antepasados sabía obtener de las grasas el carburante necesario para una vida sana, fuesen cuales fueran las condiciones externas. En aquellos tiempos antiguos, un hombre de setenta kilos y 1.70 metros podía aguantar cuarenta días echando mano de sus quince kilos de reservas de grasa. Algunos animales del Polo Norte, como los pájaros bobos, han conservado esa capacidad de resistencia ayunando durante varios meses cuando hace frío y viviendo de sus reservas de grasa.

Como una señal emitida desde la noche de los tiempos, muchas religiones perpetúan la tradición del ayuno en determinadas épocas del año, recordando así al ser humano el poder secreto del que dispone.

Según las creencias, el ayuno se presenta de forma diferente. En la religión católica u ortodoxa se inscribe en una noción de penitencia para acercarse a Dios. El ayuno es una privación voluntaria de alimento. En algunos casos el creyente no toma más que una comida al día; en otros están prohibidos determinados elementos, como la carne. En la religión islámica el ayuno corresponde a un periodo de mejora y de cuestionamiento de uno mismo. Existe el Kipur de los judíos y, entre los hindúes, el día once de cada ciclo lunar. En todos estos casos el ayuno forma parte de una práctica espiritual que permite a los fieles acercarse a Dios. Las religiones muestran al hombre que el ayuno es posible y no crea ningún problema especial. Cabe señalar que todas las religiones excluyen de esa práctica a los enfermos, los niños y las mujeres embarazadas.

En la práctica, pues, el organismo ha sabido adaptarse perfectamente a lo largo de los siglos a la falta de alimentos. Nuestro material biológico está previsto para la carencia, pero hoy ya no sabemos enfrentarnos al exceso. La abundancia es enemiga de nuestra salud. Para agravar la situación, el gasto físico, que era la principal actividad que permitía alimentarse, se ha reducido a la mínima expresión con el sedentarismo. Y sin embargo, los mecanismos protectores están latentes en lo más profundo de nuestras células, como un tesoro secreto que nos han legado nuestros antepasados. Recientemente se han hecho descubrimientos que demuestran que el ayuno intermitente puede reactivar esos procesos antiguos.

Los beneficios del ayuno

En primer lugar hay que distinguir el ayuno total, que puede ser un ayuno político (huelga de hambre) y durar varias semanas, del ayuno religioso o intermitente. Los mecanismos biológicos que intervienen son radicalmente diferentes.

El ayuno intermitente consiste en privarse voluntariamente de alimento durante un tiempo preciso y un periodo determinado. Durante el ayuno, el individuo puede beber a voluntad agua o bebidas sin calorías. *En todos los casos, la persona deberá consultar a su médico para asegurarse de que puede practicar el ayuno.* El ayuno empieza a partir de la sexta hora después de la última comida, y durante las horas siguientes se activarán mecanismos biológicos nuevos. Existen diferentes esquemas de ayuno, que pueden ir desde dieciséis a veinticuatro horas de abstinencia, durante un periodo variable entre un día de cada dos y un día por semana, o también veinticuatro horas de ayuno cada diez días. Es sorprendente constatar que los efectos positivos del ayuno intermitente no consisten únicamente en la pérdida de kilos superfluos, sino que también influyen en las enfermedades inflamatorias, como reumatismos, alergias y asma.

La renovación de las células

Nuestro cuerpo es una fábrica que funciona ininterrumpidamente. De los sesenta trillones de células que componen nuestro organismo, una fracción importante se renueva cada día. Cada célula, glóbulo rojo o célula del estómago, tiene su propio ritmo de sustitución. El punto clave es el número de errores de las células que, al copiarse para sustituirse, va aumentando con la edad. Una célula mal copiada puede convertirse en una célula cancerosa que, a su vez, será el origen de otras células que presentan las mismas anomalías. A medida que envejecemos, aumenta el riesgo de copias defectuosas. Por eso los mismos factores de riesgo no tienen el mismo impacto en función de la edad. Entre un joven de 20 años que fuma durante un año un paquete de cigarrillos al día y un individuo de 70 años que hace lo mismo, el riesgo es distinto. Los mecanismos de copia del sujeto de más edad son mucho más vulnerables.

La interrupción voluntaria de la alimentación durante periodos que se alargan entre dieciséis y veinticuatro horas reactiva una memoria biológica antigua capaz de gestionar la falta de alimento poniendo en marcha mecanismos de protección. Lo que resulta asombroso es la diferencia entre la forma en que actúa la restricción calórica banal, que consiste en reducir todos los días los aportes alimenticios, y el ayuno intermitente, que conduce a periodos de abstinencia alimentaria.

Muchos países se han lanzado a practicar ese ayuno intermitente bajo control, especialmente Alemania. Los equipos médicos que trabajan desde hace varias décadas en este campo reportan varios fenómenos. Por una parte, el ayuno desencadena un ligero aumento de adrenalina y de noradrenalina, que generan un incremento de la vigilia, y ello al cabo de sólo doce horas. El sujeto se concentra mejor y reflexiona más deprisa. Es ciertamente un resurgir de lo que vivieron nuestros ancestros, que cazaban con eficacia a pesar del ayuno. Por otra parte, los médicos alemanes consideran que este tipo de ayuno posiblemente aumenta la esperanza de vida y la resistencia a numerosas patologías. Parten de la hipótesis de que cuando el organismo contiene células dañadas, escoge la facilidad al destruirlas y luego sustituirlas, lo cual acelera el envejecimiento. Durante el periodo de ayuno intermitente, el organismo reaccionaría de forma distinta, reparando las células en vez de eliminarlas. Se trata de un mecanismo que ahorra energía a la vez que reduce los riesgos de realizar una mala copia del ADN, sobre todo en los individuos de edad avanzada. También han observado que el ayuno intermitente induce una glucemia más baja y disminuye los factores de resistencia a la insulina. Por último, los investigadores han observado que ese modo de alimentación también reduce la producción de radicales libres (moléculas de oxígeno inestables que intentan unirse con otras células para completarse y así favorecen el desgaste de nuestras células, un poco al modo de la herrumbre), aunque sólo sea por la disminución de los aportes alimentarios.

Los ayunos intermitentes de muchas religiones nos dan en todo caso una pista de reflexión necesaria. Los trabajos del profesor Berigan en Estados Unidos son especialmente interesantes en cuanto al impacto del ayuno intermitente en la frecuencia de los cánceres. Este investigador seleccionó unos ratones con una duración de vida corta porque habían sufrido la supresión de un sistema que reduce de forma natural la frecuencia de los cánceres (proteína 53). Y observó que, en el grupo de los ratones sometidos a un día de ayuno semanal, la frecuencia de los cánceres disminuía en 20 por ciento respecto al grupo que se alimentaba todos los días. Estos resultados ponen de manifiesto modificaciones biológicas que corresponden a la activación de verdaderos sistemas de reparación celular. Los trabajos hablan de una frecuencia semanal para ver aparecer resultados significativos.

Proteus anguinus, *el pez humano que puede resistir diez años sin comer*

Se trata de un batracio extraño que mide entre veinte y cuarenta centímetros y pesa entre quince y veinte gramos. Lo llaman pez humano a causa de su piel, que se parece a la del hombre. Puede llegar a los 100 años, lo cual es infrecuente en ese tipo de animales, pero sobre todo es capaz de resistir situaciones que normalmente matan a todos los seres vivos. Puede resistir, por ejemplo, diez años sin comer, ¡y logra vivir durante tres días sin oxígeno! También sabe ahorrar: en una situación normal sólo se activa durante cinco minutos al día. Dos equipos franceses han estudiado estas capacidades asombrosas. Resulta que ese animal tiene la facultad de gestionar perfectamente sus reservas energéticas. Sabe sacar provecho de su energía y produce pocos desechos. En todas las células, tanto en las del hombre como en las de ese extraño pez, existen verdaderas centrales energéticas llamadas mitocondrias, cuya misión es aportarnos energía. El rendimiento de las mitocondrias de ese animal es excepcional. Las mitocondrias proporcionan el ATP (adenosín trifosfato), que permite efectuar las reacciones químicas vitales para el organismo utilizando muy poco oxígeno. Entonces se establece un círculo virtuoso: empleando pocos carburantes, se arrojan pocos desechos al organismo y se ensucian menos los filtros naturales encargados de descontaminar el cuerpo del animal. Así pues, el secreto de la longevidad del pez humano reside al parecer en su disposición para obtener el máximo de energía con el mínimo aporte y produciendo pocos desechos, que desgastan prematuramente las células. De hecho, es una especie de maestro de la ecología y del desarrollo sostenible que nos demuestra lo interesante que es esa dimensión a la vez social y científica.

El ayuno en la práctica

En función de las personas, la duración y la forma del ayuno serán muy distintas. Quedan excluidos de esa práctica los individuos que padecen hipoglucemia, pues en este caso el ayuno puede provocar malestar, sensación de mareo, sudores o cansancio. Las personas que presentan estos trastornos saben muy bien que no resisten mucho tiempo sin comer. Evidentemente, en todos los casos es preciso que el médico dé su conformidad para practicar el ayuno intermitente.

El ayuno intermitente suele durar entre dieciséis y veinticuatro horas. En la práctica consiste, por ejemplo, en tomar una sola comida al día. En todos los casos es imperativo beber agua en abundancia o bebidas que no aporten calorías. Algunas personas resisten sin problemas veinticuatro horas, otras dieciséis o menos. Cada uno debe encontrar el ritmo que le vaya mejor. Algunos tomarán una sola comida al día pero comerán una fruta por la mañana. Otros consiguen fácilmente prescindir del bocadillo que suelen comerse en cinco minutos al mediodía, sin siquiera darse cuenta. Al contrario de lo que cabría pensar, el hecho de elegir un día entre semana en el que uno está muy ocupado facilita las cosas, más que un día en que uno va dando vueltas por la casa alrededor de la nevera. Hay un punto importante que quiero destacar: conviene evitar que la primera comida después del ayuno intermitente sea un verdadero diluvio de calorías. El método para evitarlo es sencillo. Basta prever y organizar de antemano el menú de lo que uno tomará en esa primera comida y no modificar nada.

Me ha sorprendido lo que cuentan algunas personas que han practicado el ayuno intermitente. Muchas no han tenido sensación de hambre. Se han dado cuenta de que se sentaban a la mesa todos los días casi de forma mecánica, porque era la hora, pero que en realidad no tenían hambre. Para ellas la verdadera sensación de hambre se producía mucho más tarde. Entre mis pacientes son muchos los que han notado importantes beneficios con esta práctica: se sienten menos cansados, más ágiles intelectualmente, con más energía, tienen la tez más clara, menos dolores de cabeza, se notan más tonificados... Globalmente, muchas sensaciones positivas y la percepción de un mayor bienestar.

El ayuno intermitente permite al organismo regenerar y reactivar mecanismos de reparación celular latentes. También es una forma de disminuir los efectos del tiempo para vivir más y con mejor salud. Después de consultar con tu médico, aconsejo que lo pruebes y juzgues por ti mismo los efectos.

3

Mejorar el sueño

«Roncar es dormir en voz alta.»

JULES RENARD

El sueño es la base de una buena salud. Fisiológicamente permite al organismo regenerarse, y psicológicamente ayuda a evacuar las tensiones y los pensamientos inconscientes mediante los sueños. El número de horas de sueño que necesitamos varía de un individuo a otro, pero hay consenso en afirmar que por debajo de siete horas el sueño es insuficiente. Los franceses duermen siete horas y trece minutos*. Asimismo, una noche entrecortada por despertares frecuentes será menos eficaz que si se duerme de un tirón. Con todo, seguimos siendo grandes consumidores

* *Fuente:* Estudio INPES, 2010.

de somníferos y casi un francés de cada tres considera que no duerme lo suficiente. Además de las dificultades de concentración y de una sensación desagradable de estar medio mareado, un sueño de mala calidad provoca un estado de fatiga crónica que abre la puerta a muchas patologías psicológicas (estrés, depresión...) o físicas (enfermedades cardiovasculares, diabetes tipo 2, obesidad...).

Ayudas para conciliar el sueño

Los reflejos básicos

El sueño es esencial para regenerar el cerebro. Si quieres asegurarte la posibilidad de pasar una buena noche, basta aplicar unos cuantos consejos de sentido común:

— Evitarás por supuesto las cenas demasiado copiosas como también hacer gimnasia antes de dormir.

— Te aconsejo cenar relativamente pronto, para que al acostarte el proceso de la digestión ya esté bien avanzado. Seguro has comprobado lo mal que duermes tras una cena abundante y tardía.

— Procura que la habitación sea silenciosa, esté bien ventilada y sobre todo que no haga demasiado calor. En efecto, una temperatura corporal de un par de centésimas de más dificulta la conciliación del sueño. La temperatura ideal del dormitorio —que debe estar bien aireado— se sitúa entre 16 y 20° C.

— La hora que precede al momento de dormir se dedicará preferentemente a actividades apacibles que no sean perturbadoras. Vale más, por tanto, apagar las pantallas (ordenadores, televisión...) y dedicarse a actividades que favorezcan la serenidad: lectura, música, mimos...

— Asimismo, comprobarás las ventajas de acostarse todos los días más o menos a la misma hora.

Al favorecer estos ritos en el momento de acostarte, acostumbrarás al organismo a distinguir mejor las fases de actividad de las de sueño.

El zumo de cereza es un somnífero natural

Un grupo de científicos británicos acaba de demostrar los efectos sorprendentes del zumo de cereza para conciliar del sueño. El zumo de cereza actúa aumentando el nivel de la melatonina segregada durante la noche y favorece los ritmos del sueño.

Bebiendo sólo treinta mililitros de zumo de cereza dos veces al día, los voluntarios observaron que la duración del sueño había aumentado en veinticinco minutos al cabo de una semana. El kiwi también tiene efectos beneficiosos. Por mi parte, prefiero mucho más un jugo de kiwi y zumo de cereza para pasar una buena noche que los somníferos, que producen un sueño de mala calidad con un despertar pastoso...

La iluminación

En la medida de lo posible, hay que intentar conseguir la oscuridad completa en el dormitorio. Si no se puede conseguir, no dudes en comprar un antifaz en la farmacia. Un equipo científico norteamericano ha demostrado que en el hámster la exposición a una iluminación artificial nocturna provoca comportamientos depresivos. La explicación es sencilla: como en los humanos, la exposición luminosa nocturna provoca modificaciones hormonales y tiene una incidencia en los neuromediadores cerebrales. Desde hace cincuenta años, la tasa de depresiones no cesa de aumentar, lo cual se puede correlacionar en parte con nuestros entornos cada vez más iluminados artificialmente (pantallas, anuncios luminosos, paneles...). Otros estudios practicados en hámsteres también han puesto de manifiesto un aumento de los estados depresivos y a menudo de la obesidad, ligados a esas fuentes luminosas emitidas durante el sueño. El último estudio de este tipo sobre el hámster ha permitido la identificación de una proteína específica que explicaría la relación entre iluminación nocturna y depresión. En efecto, en el estudio el bloqueo de esa proteína protegió de la depresión a los hámsteres expuestos a la luz durante la noche. En conclusión, expulsa de tu dormitorio todas las fuentes de contaminación lumínica nocturna, aunque sean mínimas, como la luz piloto de una consola, de un teléfono móvil que se está cargando o de un televisor. Ahorrarás electricidad y te despertarás lleno de alegría de vivir por la mañana.

Dormir del lado bueno

Existe un viejo proverbio que dice: «Tal como haces tu cama te acuestas.» Y es verdad en sentido propio y en sentido figurado. Dependiendo de si dormimos del lado derecho o del izquierdo, sobre un colchón con o sin resortes, con una manta eléctrica o con una lamparilla en el dormitorio, nuestro estado de salud será distinto. Los estudios científicos sobre los lactantes han abierto la vía. Basta hacer que un bebé duerma boca arriba y no boca abajo para que el riesgo de la muerte súbita del lactante disminuya considerablemente. Los adultos, por su parte, deben descubrir por sí mismos qué posición les conviene más. ¡Nunca es tarde para hacerlo!

Una cadena de hoteles inglesa efectuó un sondeo entre tres mil clientes para saber si el hecho de dormir a la derecha o a la izquierda tenía una incidencia sobre el bienestar. Los resultados mostraron que las personas que dormían del lado izquierdo despertaban de mejor humor, menos estresadas y más optimistas. Las cifras han demostrado que 25 por ciento de los encuestados que pasaban la noche acostados sobre el lado izquierdo tenían una visión positiva de la vida al despertar, frente a 18 por ciento de los que dormían del lado derecho. Algunos psicólogos conductistas han estudiado el tema. Consideran que, cuando un hombre duerme sobre el lado izquierdo es de naturaleza protectora y realista, y cuando una mujer duerme a la derecha es más romántica y afectiva. Pero también es una cuestión de civilización. En la cultura china y en la visión Feng, pasar la noche a la derecha está relacionado con el yang masculino, sinónimo de responsabilidad y acción, mientras que la izquierda representa el yin de la mujer, que corresponde a la receptividad.

La búsqueda de la buena posición en la cama ha dado lugar a muchos estudios científicos que han provocado cambios profundos en las recomendaciones médicas. Durante décadas se consideraba equivocadamente que había que poner a los bebés a dormir boca abajo. Se creía en efecto que esta posición permitía evitar la asfixia en caso de reflujo. Hoy las cosas han cambiado, y los médicos aconsejan a todo el mundo poner a los bebés boca arriba para dormir porque esta posición disminuye claramente los riesgos de muerte súbita del lactante. Basta pensar en un bebé tapado con una manta y hundiéndose en un colchón demasiado blando para comprender que en este caso lo que faltará será el oxígeno. Si el bebé tiene tendencia a tener reflujos, basta colocar un libro grueso debajo de la cabecera de la cama para levantar ligeramente el colchón. También recomiendo a los adultos que padecen de hernia de hiato con reflujos ácidos que sobre todo no se acuesten enseguida después de comer, sino que esperen al menos dos horas. Para quienes gustan ver la tele en la cama, es preferible utilizar dos o tres almohadas para hacerlo en posición semisentada.

El estudio más sorprendente es del profesor Halberg, de Suecia, que ha investigado el impacto en la frecuencia de los cánceres en función de la posición nocturna. Se ha preguntado el porqué de la aparición de ciertos tipos de cáncer de un lado del cuerpo humano más que del otro.

El caso de la manta eléctrica

Hasta un objeto banal como una manta eléctrica puede tener a la larga influencia sobre la salud. El profesor Abel, de Estados Unidos, ha estudiado las relaciones inesperadas entre las mantas eléctricas y el cáncer de útero. Ha observado que las mujeres que usaban mantas eléctricas por la noche durante más de veinte años presentaban una tasa más elevada de cáncer de útero. El uso de esas mantas está poco extendido en Francia, pero en los países anglosajones es mucho más frecuente. Es evidente que una utilización ocasional no presenta peligro alguno, pero el uso repetido de esa forma de calentarse no es anodino. Por ahora no se ha podido descubrir ninguna causa que explique ese curioso fenómeno.

Se ha interesado especialmente por dos tipos de cáncer: el de pulmón y el de piel en hombres y mujeres. Su estudio revela una frecuencia más importante de esos dos tipos de cáncer en el lado izquierdo del cuerpo, y para ello ha buscado una explicación. Le ha sorprendido en particular el hecho de que las zonas habitualmente poco expuestas al sol —conocido por ser un factor de riesgo de los melanomas de la piel— presentaban paradójicamente una frecuencia mayor de ese tipo de cáncer: las caderas y los muslos en las mujeres, y el tronco en los hombres. También observó que esa diferencia entre el lado izquierdo y el derecho y la localización atípica de los melanomas no se encontraba en Japón.

En otros estudios los científicos han observado que nuestros colchones contienen resortes metálicos que ofrecen una zona de reflexión de los campos electromagnéticos, al contrario de lo que ocurre en Japón, donde las camas son distintas. Los futones están colocados directamente sobre el suelo y no contienen nunca estructuras metálicas. Los científicos consideran que los resortes de la cama constituyen una zona de recepción de los campos electromagnéticos a los cuales los sujetos están expuestos durante largos periodos nocturnos. Los investigadores consideran que el hecho de que las partes del cuerpo (el tronco en los hombres y los miembros inferiores y las caderas en las mujeres) menos expuestas al sol presenten paradójicamente una mayor frecuencia de melanomas que las partes expuestas, como la cara, puede explicarse por la exposición nocturna a los campos electromagnéticos generados por los resortes del colchón.

Levantarse con el pie derecho

Cuando uno se levanta temprano, está más delgado y es más feliz

Un equipo de investigadores británicos ha comparado dos grupos de personas: un primer grupo que se levantaba a las 7:47 horas y un segundo grupo que se levantaba a las 10:09. El estudio incluía a mil individuos y utilizaba dos tipos de medidas: unas escalas psicológicas para definir el nivel de bienestar de los participantes, y el peso y la talla para evaluar la sobrecarga. Observaron que los «madrugadores» gozaban de mejor salud, estaban más delgados y eran más felices. Los científicos también descubrieron que los madrugadores solían tomar un buen desayuno que les permitía acumular energía y comer menos entre horas. Los relojes internos del cuerpo desencadenan la secreción de ciertas hormonas, como el cortisol, que se encuentra en su punto máximo cada día a las ocho de la mañana. Como sabemos que el cortisol participa en la energía matinal, ahí tendríamos sin duda un primer elemento de explicación...

Seis consejos para estar en forma al despertar

- Evitar un timbre de despertador agresivo o la radio a todo volumen.
- Tomarse las cosas con calma: poner el despertador quince minutos antes para evitar correr.
- Antes de salir de la cama, estirarse como un gato para que el cuerpo vaya despertándose poco a poco: los brazos, las piernas, el cuello...
- Tomar una ducha fría, que es un excelente tonificante.
- No descuidar el desayuno, que debe estar adaptado a los gustos de cada uno: fruta, pan, productos lácteos...
- Practicar el pensamiento positivo: si tienes un programa cargado, visualiza mentalmente, por ejemplo, el final de tu jornada, cuando regreses a casa para tomar un buen baño o veas a los niños...

Uno sólo se despierta una vez

Volver a dormirse después de parar el despertador provoca fatiga durante el día: es la conclusión de un estudio dirigido por el profesor Stepanski, de Estados Unidos. Volver a dormirse parece que tiene un efecto contraproducente. Es la famosa sensación de «estar medio adormilado» casi hasta mediodía. Parece que la mejor solución es despertarse con la radio o el despertador lejos de la cama para evitar apagarlos por reflejo.

Quedarse por la mañana en la cama no hace que uno se recupere

Quedarse en la cama durante el fin de semana no permite recuperarse por completo del cansancio de la semana. Cuando se ha vivido aceleradamente varios días seguidos durmiendo menos de siete horas, no se puede poner el contador a cero durmiendo más el sábado y el domingo.

Un equipo de investigadores estudió a un grupo de individuos a los que se les pidió que no durmieran más que seis horas durante seis noches, pero luego durante dos noches tuvieron la posibilidad de dormir diez horas. Tras una semana laboral con una falta de sueño moderada, las dos noches de recuperación permitieron mejorar la calidad del sueño, pero no el estado de forma. Levantarse tarde no borraba la fatiga acumulada, y los participantes tendieron a mostrarse algo torpes y soñolientos el domingo por la mañana, como si les costara aterrizar. En cambio, se observó que las prestaciones sexuales masculinas se restauraron gracias a esa noche más larga. Los investigadores han establecido diferencias entre hombres y mujeres respecto al sueño. Parece que la salud de las mujeres se beneficia más de los efectos protectores de las noches en las que duermen bien y se recuperan más deprisa de las noches demasiado cortas. En general, aconsejo levantarse una hora más tarde el fin de semana, no más, para no desestabilizar tu organismo. En cambio, no dudes en hacer una siesta de unos veinte minutos después de comer.

Los enemigos del sueño: el ronquido y la apnea

El ronquido

El ronquido se produce cuando, durante el sueño, el paladar o la úvula vibran al paso del aire. Roncar en sí no es peligroso. Lo único que puede hacer es perturbar la noche del cónyuge, ya que produce al menos cincuenta decibeles (el equivalente de una voz humana). En ciertos casos puede llegar a los noventa decibeles (el ruido de una moto de gran cilindrada). El ronquido se ve favorecido por el sobrepeso, las bebidas alcohólicas, los somníferos y los sedantes, las congestiones nasales y la edad. En general, antes de la menopausia, las mujeres suelen roncar menos gracias a la acción de la progesterona, que parece ser buena entre otras cosas para la ventilación. Asimismo pueden ocasionar el ronquido los problemas otorrinolaringológicos, como una simple desviación del tabique nasal o unas amígdalas hipertróficas. También la posición en la cama puede aumentar el ronquido. Los individuos que tienen la costumbre de dormir boca arriba roncan más. En efecto, en esa posición, la lengua se sitúa más atrás y, por ello, el paso previsto para el aire se estrecha. Como por la noche solemos movernos mucho, la dificultad consiste en mantener una buena posición para luchar contra los ronquidos.

En la práctica se aconseja dormir boca abajo, o eventualmente de lado. Un truco consiste en ponerse para dormir una camiseta con un bolsillo en la espalda y en él una pelota de tenis. Es muy eficaz para mantener una buena posición. También la posición de la cabeza es importante: poner almohadas para alargar un poco el cuello parece que disminuiye los ronquidos. Otra solución consiste en levantar ligeramente la cama. Por último, si el roncador potencial se abstiene de consumir alcohol y de tomar tranquilizantes antes de acostarse, hay más posibilidades de que su cónyuge pase una buena noche.

La apnea del sueño

La cosa se pone más seria si los ronquidos van acompañados de apnea del sueño. En este caso, los riesgos para la salud no son desdeñables. La apnea del sueño se caracteriza por interrupciones involuntarias de la respiración durante el sueño, que pueden durar de diez a treinta segundos y suelen repetirse durante la noche. Las personas con sobrepeso son las más expuestas a esas apneas del sueño a causa del exceso de grasa en la zona del cuello, que reduce el diámetro de las vías respiratorias. Por otra parte, se ha observado que cuanto más ancho es el cuello, mayor es el riesgo de padecer apnea del sueño. A partir de cuarenta y tres centímetros en el hombre y cuarenta centímetros en la mujer, el riesgo aumenta. Los individuos que consumen grandes cantidades de alcohol, de drogas o de somníferos también incrementan el riesgo de sufrir apnea del sueño.

La apnea del sueño desgasta prematuramente el organismo. El sueño es un momento esencial para regenerar las células del cuerpo. En el caso de las apneas, los mecanismos fisiológicos reparadores se ven alterados. Los primeros síntomas son clásicos: cansancio durante el día, pequeños estados depresivos, cefaleas. Lo más preocupante es el riesgo de sufrir enfermedades cardiovasculares provocadas por la apnea del sueño. En efecto, el cerebro está expuesto a falta de oxígeno durante periodos repetidos a lo largo de la noche, lo cual provoca microdespertares bruscos que hacen subir la tensión arterial y el ritmo cardiaco. Las personas que padecen apnea del sueño tendrán más riesgo de hipertensión, de infarto de miocardio, de accidentes vasculares cerebrales y de trastornos del ritmo cardiaco. En los casos de apnea severa el riesgo de muerte súbita durante el sueño es mayor. Asimismo, en el caso de una anestesia, los riesgos son más importantes.

Por consiguiente, es esencial saber si los ronquidos van acompañados de apnea del sueño o no. El cónyuge observa a veces esas pausas respiratorias características. Despertado por el ronquido de su pareja, es fácil que observe ese silencio ligado a la apnea en mitad de la noche. Con frecuencia es un exceso de somnolencia durante el día o el hecho de despertarse demasiadas veces durante la noche lo que llama la atención. En este caso es aconsejable consultar a un médico especialista, y puede ser que éste diagnostique apnea del sueño. El examen consiste en medir durante una noche, mediante electrodos colocados en el cuerpo, la frecuencia y la duración de las apneas del sueño, la actividad del cerebro y el nivel de oxígeno en sangre. La lucha contra el sobrepeso y la práctica de ejercicio físico contribuirán evidentemente a disminuir el riesgo de la apnea del sueño. En este sentido, cabe citar los trabajos de científicos brasileños que han estudiado el efecto de los ejercicios orofaríngeos en pacientes que presentan apneas del sueño moderadas. Partieron del principio de que puesto que la apnea del sueño corresponde a una relajación de las fibras musculares, una especie de *fitness* de esos músculos podría mejorar la situación. Durante tres meses y media hora diaria, los pacientes debían realizar varios ejercicios, como por ejemplo apoyar con fuerza la lengua en diferentes puntos del paladar. Los resultados mostraron una mejora de los síntomas respecto a un grupo de control que no practicaba esos ejercicios cotidianos. Si las medidas preventivas no funcionan, existen distintos medios terapéuticos para superar la apnea. El médico puede prescribir aparatos que se llevan durante la noche. Esos aparatos insuflan aire por la nariz mediante una mascarilla. En cualquier caso, no hay que descuidar la apnea del sueño, que puede resultar desastrosa para el organismo.

4

Desembarazarse de las molestias más frecuentes: los problemas del tránsito intestinal, las alergias, etcétera

«El estornudo es el orgasmo del pobre.»

Extraído de *L'Os à moëlle* («El hueso con médula»), de PIERRE DAC

Los medicamentos son útiles cuando realmente es necesario tomarlos

Parece una evidencia, y sin embargo no lo es. En mi práctica profesional veo demasiadas enfermedades de origen yatrogénico. Una enfermedad yatrogénica se debe a los efectos secundarios de un medicamento, que suelen denominarse «efectos no deseados». Para evitar estos inconvenientes vale más no tomarse a la ligera un tratamiento sin prescripción. Por desgracia, existen múltiples razones para volverse adicto a un medicamento: cansancio, molestias recurrentes, dolor persistente, etcétera. A medida que pasan los meses, habrá que aumentar las dosis, pasar a terapias cada vez más agresivas, sin resolver jamás el origen del mal. Pero existen muchos síntomas cotidianos para los cuales hay gestos sencillos que permiten curarse sin pasar por la consulta del médico: el estreñimiento, las hinchazones, las molestias digestivas, las alergias, las dificultades respiratorias...

Conocer estas soluciones sencillas es reducir la toma de medicamentos, la habituación, y evitar efectos secundarios peligrosos e incómodos. Cuando se trata de adoptar una nueva estrategia para desembarazarse de un síntoma sin correr riesgos, siempre soy partidario de la solución más natural.

Los trastornos gastroenterológicos

Los trastornos gastroenterológicos (estreñimiento, hinchazón, hernia de hiato, reflujo gástrico, etcétera) forman parte de los motivos más frecuentes para consultar a un médico. Sin embargo, hay muchas molestias digestivas que podríamos evitar con facilidad modificando nuestra postura. Para convencerte, te propongo observar los árboles. Los que crecen bien rectos alzarán más deprisa las cimas hacia el cielo. En cambio, los que se desarrollan demasiado encorvados no tendrán una esperanza de vida muy larga. La dificultad para el cuerpo humano es que debe adoptar las posturas correctas estando permanentemente en movimiento. Lo ideal es situarse siempre en el propio centro de gravedad, sean cuales sean las posturas. Este movimiento es esencial para la vida porque, como decía Einstein: «La vida es como la bicicleta, hay que avanzar para no perder el equilibrio.»

La nueva postura para adoptar en el retrete

Voy a abordar un tema sensible y muy íntimo. Se trata de las mejores posturas para la defecación. El tema puede parecer sorprendente ya que, a priori, sólo existe una posición que es la que adopta todo el mundo, es decir, sentarse tranquilamente en la taza. Sin embargo, tal vez no sea la mejor posición. Varios equipos de investigadores en Estados Unidos, Israel y Japón han estudiado el tema, y todos los trabajos científicos llegan a la misma conclusión: para evacuar las heces es mejor ponerse en cuclillas. De hecho, la posición sentada es una posición relativamente reciente debida al progreso de los inodoros modernos, pero no es fisiológica.

Los estudios han puesto de manifiesto varios elementos nuevos. Al estar sentado, el ángulo anorrectal está mucho más cerrado que cuando se está en cuclillas, lo cual tiende a retener las heces dentro del recto, y por tanto obliga a empujar más para evacuarlas, a veces de manera incompleta. Para ilustrar esta afirmación piensa en una manguera de riego llena de agua medio doblada: cuesta que el agua salga. Es exactamente lo que sucede al estar sentado. Cuando el sujeto se pone en cuclillas, el ángulo se abre, el pliegue desaparece y el agua puede evacuarse con facilidad.

Los médicos que han realizado estos experimentos con voluntarios han observado que las personas tardaban tres veces menos en evacuar las heces en cuclillas que en posición sentada. Todos los participantes afirmaron que en cuclillas apenas necesitaban empujar y la defecación era fácil y rápida. Este detalle es muy importante porque a las personas que padecen de hemorroides esto les permite disminuir los dolores y la aparición de crisis al reducir de forma fisiológica la presión. En los casos de patologías cardiovasculares, el esfuerzo se reduce, lo cual permite evitar las subidas inútiles de presión arterial.

A primera vista parece difícil poner en práctica esta recomendación, ya que los retretes denominados a la turca casi han desaparecido. Algunos proponen ponerse en cuclillas encima del asiento del inodoro, ¡pero parece un poco peligroso! Existe una solución intermedia que consiste en colocar frente al inodoro un pequeño taburete para levantar los pies sin dejar de estar sentado. O, lo que es más sencillo, poner las manos debajo de los muslos para levantar las piernas, enderezarse y, mecánicamente, inclinarse hacia atrás. ¡Y ya está! Esta posición permite suprimir en parte el pliegue rectal provocado por la posición sentada. Los participantes en los estudios afirmaron que dedicaban una hora menos a la semana a evacuar gracias a esta nueva posición. Además, eso puede permitir descartar el uso de laxantes.

El hecho de optar por una buena posición en el retrete tiene otras ventajas además de ahorrar tiempo. Puede aliviar a las personas que sufren de hemorroides. Las hemorroides son dilataciones de los vasos de la región anal que se parecen a las varices de las piernas. Pueden ser muy dolorosas, ocasionar inflamaciones y sangrado. Reducir los esfuerzos de empujar en el momento de defecar será beneficioso porque evita que la presión aumente al nivel de esos vasos sanguíneos.

En otro campo, un equipo de científicos ha estudiado la relación en el hombre entre los trastornos de la erección y las hemorroides. El estudio incluyó a más de seis mil hombres. Observaron que 90 por ciento de los hombres con trastornos de la erección presentaban hemorroides, y esto es curioso sobre todo porque tenían menos de 30 años. La razón parece estar ligada a que la hinchazón de ciertos vasos próximos al recto provoca irritación en algunos nervios contiguos que intervienen en la erección. Prueba esta nueva posición y juzgarás sobre su eficacia...

Los peligros de trabajar sentado

Las posiciones del cuerpo en reposo influyen en la salud. Es lo que acaba de demostrar un estudio australiano realizado con novecientos pacientes afectados de cáncer de colon y que han sido comparados con mil individuos de control sanos. Los científicos han construido una base de datos que reúne las informaciones sobre sus hábitos alimentarios y sus actividades físicas y profesionales. Los individuos que trabajaban sentados delante de un ordenador eran considerados como sedentarios en comparación quienes su trabajo requería un movimiento constante, como una enfermera o un camarero de restaurante. Los investigadores constataron que los sujetos que practicaban una profesión sedentaria durante al menos diez años tenían el doble de riesgo de ser víctimas de un cáncer de colon. Entre estos cánceres, los más frecuentes son «los que están más cerca del asiento de la silla», especialmente los del recto, cuya frecuencia se ha multiplicado por 1.5. Es interesante constatar que ese aumento en la frecuencia del riesgo de cáncer no depende de la actividad física que se practique fuera de las horas de trabajo. Este elemento es fundamental. Significa que la posición sentada ocho horas al día constituye, con independencia del resto de las actividades de la jornada, un factor de riesgo. Una actividad deportiva cotidiana no basta para compensar esas jornadas sentado en la silla. No se trata del primer estudio que se ha hecho sobre este tema. Otros trabajos realizados con anterioridad hacen sospechar que permanecer sentado demasiado tiempo era un riesgo de cáncer de colon.

Para tratar de comprender la relación entre los cánceres de colon y la posición sedente prolongada, los científicos australianos han estudiado los mecanismos fisiológicos que engendra esa postura. Se ha visto que el sedentarismo es un factor que aumenta la glucemia (nivel de azúcar en sangre), así como la tasa de moléculas inflamatorias circulantes. Además, el sedentarismo favorece el aumento de la sobrecarga, factor de riesgo independiente de los cánceres. La obesidad conlleva un incremento cotidiano del consumo de alimentos. Es evidente que cuando se come el triple o el cuádruple de la cantidad que el organismo necesita, se absorben más pesticidas y productos químicos contenidos en ciertos alimentos. Las normas de tolerancia de esos productos tóxicos están concebidas para cantidades que yo calificaría de normales. En cambio, una dosis demasiado alta puede convertirse en veneno. El cuerpo humano no está preparado para desintoxicar los alimentos en exceso.

¡Basta de sedentarismo!

Si sabemos que estar sentado menos de tres horas al día aumenta la esperanza de vida, ¡es como para pensarlo! Sugiero, pues, a los amantes de la televisión que miren sus programas preferidos pedaleando en una bicicleta estática. Si tienes que estar mucho tiempo sentado, haz pausas regulares saliendo a caminar unos minutos fuera de tu despacho; si estás en casa, tiende la ropa, limpia la bañera o los cristales. En una palabra, alterna siempre una actividad física con una posición inmóvil. Estos simples gestos incrementan de forma significativa la duración de la vida en buen estado de salud. El estudio que ha puesto el dedo en la llaga de esa correlación se realizó en Estados Unidos, donde se suele mirar la televisión en posición semiacostada en el sofá. Los investigadores han insistido en el hecho de que en posición sentada los músculos de las piernas y los muslos están inactivos, contribuyendo así a la alteración del metabolismo de los azúcares y de las grasas a nivel sanguíneo.

En este caso, los filtros naturales que son los riñones o el hígado se ven desbordados. Basta observar el número de personas con exceso de peso que presentan un hígado graso en la ecografía. Es exactamente como para las ocas o los patos: el hígado desbordado por todos esos excesos ya no responde a la demanda.

El reflujo gatroesofágico

El reflujo gastroesofágico (RGE) afecta a muchas personas. Consiste en una acidez que sube por el esófago, a veces hasta la garganta, que se produce después de las comidas, sobre todo cuando uno está acostado. Fisiológicamente el RGE es debido a una mala circulación del bolo alimenticio. Cuando comemos, el contenido de los alimentos baja por el esófago y después llega a una especie de «peaje muscular» (el cardias). Este músculo, que separa el esófago del estómago, se abrirá para dejar pasar los alimentos y luego se cerrará. En el caso de un RGE, este esfínter no es lo bastante fuerte para cerrarse por completo, y dejará «subir» partículas alimenticias ácidas procedentes del estómago. Si padeces de reflujo, evidentemente hay que acudir al médico, porque puede resolverse con un tratamiento. Sin embargo, algunos gestos higienicodietéticos sencillos te permitirán prevenir y aminorar ese desagradable trastorno:

— No salgas disparado hacia la cama después de comer y levanta la parte alta del cuerpo mediante una segunda almohada.

— Come pequeñas cantidades.

— Vigila el peso.

— Suprime el tabaco y el alcohol.

— Evita los alimentos especiados, las cebollas, las grasas, etcétera.

La hernia de hiato

Un gran porcentaje de personas padece hernia de hiato. La hernia de hiato es una pequeña parte del estómago que pasa por encima del diafragma provocando reflujos ácidos y eructos frecuentes. Existen medios simples y prácticos que pueden contribuir de forma eficaz a reducir o suprimir los síntomas sin recurrir a medicamentos clásicos que tienen el inconveniente, además de los posibles efectos secundarios, de tomarse de modo permanente.

En primer lugar hay que eliminar el hábito de beber o comer alimentos muy calientes. Yo lo recomiendo aunque no se tengan problemas de hernia de hiato. Las bebidas excesivamente calientes aumentan el riesgo de cánceres de esófago. Un estudio realizado en China ha demostrado con claridad que el hecho de beber té excesivamente caliente incrementa la frecuencia de esos cánceres. Existen otros elementos en su origen, como el tabaco y el alcohol, pero está demostrado que la temperatura demasiado elevada de las bebidas o de los alimentos constituye un verdadero riesgo. Una bebida sana como el té verde puede, pues, convertirse en nociva para la salud si se bebe hirviendo. Éste es un punto clave de la nutrición y de la seguridad alimentaria. Todo es cuestión de temperatura y del modo de preparación.

En lo referente a las bebidas calientes se da, por otra parte, una paradoja. Muchos viajeros han observado que los nómadas en el desierto beben té caliente para refrescarse. En efecto, cuando la temperatura aumenta, sudamos para evaporar el agua, lo cual permite refrescar el cuerpo. Cuando se bebe algo frío, se obliga al cuerpo a producir energía para calentarlo. De momento provoca una sensación de frescor, pero luego se tiene calor. A la inversa, un té ligeramente caliente produce una sensación de frescor duradera.

En cuanto a la hernia de hiato, el hecho de beber algo demasiado caliente hace que traguemos una cantidad excesiva de aire para refrescar el líquido. El aire que tragamos en exceso ejerce luego una presión en el estómago que favorece los reflujos y los eructos. Otros consejos para evitar una ingesta excesiva de aire: no caminar y comer al mismo tiempo, no comer mientras se habla, no masticar chicle, evitar beber con un popote... Por supuesto, hay que comer lo más despacio posible y con la boca cerrada.

Sentirse hinchado

No hay nada más desagradable que esos momentos después de una comida o al final del día en que uno se da cuenta de que la tripa ha triplicado su volumen, duele y uno tiene la impresión de que va a dar a luz un elefante. Todos hemos sentido alguna vez esa hinchazón, que por lo general desaparece al cabo de unas horas. En el argot médico a eso se le llama una colopatía funcional. El colon, que tiene la función de transportar los restos de alimentos hasta la «salida», se hincha de aire, se vuelve perezoso, lo que suele provocar, generalmente, estreñimiento. Sin embargo, muchos médicos dirán que no se trata de una «verdadera» enfermedad y que basta una simple modificación de algunas reglas alimentarias para evitar ese trastorno. Para ello conviene adoptar una dieta rica en fibra y beber mucha agua. La fibra no es asimilable por el organismo, por tanto, atraviesa el aparato digestivo y favorece la digestión arrastrando con ella el resto de los alimentos. Para ser eficaz debe hincharse, de ahí la importancia de beber al menos un litro y medio de agua entre comidas, pero también durante las comidas. Es asimismo primordial comer despacio y con calma. Todos han observado que digieren peor tras una comida animada, en un ambiente ruidoso y demasiado rápida.

Las fibras

- Los cereales (pan, arroz, sémola...).
- Las legumbres (alubias, lentejas, garbanzos...).

- Las hortalizas (judías verdes, espinacas, espárragos, apio, hinojo, alcachofa...).
- Todas las frutas.
- Los complementos alimenticios (carbón, arcilla...). y los probióticos también son eficaces para una dieta rica en fibras.

Las alergias

Las alergias afectan hoy día a una parte creciente de la población y se están convirtiendo en un verdadero problema de salud pública. Se estima que son más de veinte millones los franceses que padecen alergia, lo cual es considerable. Son el doble que hace veinte años y la curva sigue aumentando año tras año. Los efectos son múltiples, desde el picazón al asma, desde el estornudo al edema de Quincke, que puede provocar la muerte. ¿Por qué aumentan exponencialmente las alergias? ¿Se puede hacer algo para reducir este fenómeno?

Terneros, vacas y aire libre

Algunos libros de historia cuentan que antiguamente, en ciertas familias acomodadas, se enviaba a los recién nacidos al campo a casa de las nodrizas. Y no volvían hasta que controlaban esfínteres, caminaban y hablaban. Más tarde, en el siglo XIX, la región francesa del Morvan se convirtió en la capital de la lactancia con sus famosas amas de cría. Estas mujeres, que tenían fama de ser buenas nodrizas, recibieron a miles de bebés enviados por la Asistencia Pública de París. Se calcula que fueron unos cincuenta mil los niños enviados al Morvan, que los habitantes llamaban el «pequeño París». Las nodrizas eran de familias modestas a las que la Revolución industrial había empobrecido aún más. El escritor Jean Genet, por ejemplo, estuvo hasta los 13 años con una de estas familias. La reputación de estas nodrizas era tal que Napoleón I, siguiendo los consejos de su médico, tomó una nodriza del Morvan para criar a su hijo Napoleón II, rey de Roma. Más tarde hizo lo mismo el presidente Félix Faure. Estas nodrizas solían regresar al pueblo con dinero suficiente para comprarse una casa, que los habitantes llamaban las casas de leche. Si bien la costumbre de antaño de enviar a los niños al campo es muy criticable desde el punto de vista de las relaciones afectivas, tal vez sin saberlo habían descubierto el primer método eficaz para prevenir las alergias.

Un equipo de investigadores alemanes, en efecto, acaba de realizar un descubrimiento apasionante. Han comparado varios miles de niños que viven en casas de campo con un grupo de niños que viven en la ciudad. Se trata de dos entornos radicalmente distintos. En el primer caso la vida de esos niños implica un contacto diario con todos los animales, como vacas, cerdos, gallinas... En el otro caso el entorno está mucho más esterilizado.

El perro es el mejor amigo del hombre

En este mismo sentido, cabe citar estudios recientes sobre la relación entre la presencia de un perro en el domicilio familiar y el asma del niño. Parece ser que el perro tiene un efecto preventivo en la aparición del asma. Es posible que los microbios naturalmente presentes en el perro desempeñen un papel contra el virus respiratorio sincitial relacionado con la aparición de las crisis asmáticas en el niño. Los trabajos científicos han estudiado ratones expuestos al polvo de casas en las que hay perro. Y se ve que están protegidos por ese virus. Estos estudios partieron de la constatación empírica de que los niños que vivían en contacto con perros desarrollaban menos asma. En efecto, el contacto precoz con este animal durante la infancia estimula de forma positiva las defensas inmunitarias.

Los resultados de esas investigaciones han demostrado claramente que los niños que han crecido en una granja desarrollan menos alergias que los niños de las ciudades, con una reducción de 51 por ciento en el riesgo de asma y de 76 por ciento en el riesgo de alergia en general. Es posible que la explicación esté en el contacto precoz con todos los microbios de la granja. En efecto, existe en el medio rural una gran diversidad de hongos, bacterias y toda clase de microorganismos que parece ser que tienen un efecto inmunitario beneficioso en las primeras etapas de la vida. Se ha visto que el efecto preventivo de ese contacto con los animales de la granja en la infancia persiste durante la edad adulta.

El beso y la alergia: yo te amo... yo tampoco

Una alergia se puede transmitir con un beso. Si eres alérgico a los cacahuates y tu pareja acaba de comerlos, puedes desencadenar una alergia severa por unas partículas de ese alimento que se transmiten por el intercambio de saliva. Puede ir de un simple picazón hasta el temible edema de Quincke, que puede significar un riesgo para la vida. Sería el escenario ideal para una novela policiaca titulada «el beso que mata». Pero no todo está perdido, ¡ni mucho menos! Recordemos los asombrosos trabajos del profesor Kimata (Kimata, 2006), de Japón, que han demostrado que los besos prolongados en la pareja provocan una disminución de las alergias. Para ello, estudió a veinticuatro parejas en las que uno de los miembros presentaba un eczema moderado. Les pidió que se besaran libremente lo más a menudo posible durante treinta minutos. Justo antes de empezar e inmediatamente después de los treinta minutos, extrajo sangre para dosificar unas constantes biológicas (Ige) que intervienen en las alergias. Los resultados mostraron una reducción del eczema en los sujetos que lo padecían y una disminución del criterio biológico sanguíneo de la alergia estudiada.

5

Luchar contra las enfermedades infecciosas y proteger a los hijos

«No subestimes a los adversarios pequeños:
un león se ve, un virus no.»

ANÓNIMO

Una infección: he aquí un término banal que empleamos todos los días. Es la invasión de un organismo vivo por microbios, que pueden ser de origen diverso: virus, bacterias, hongos... Esta invasión puede provocar una enfermedad, por eso los agentes se llaman «patógenos». Una infección puede ser exógena (el entorno aporta los gérmenes), endógena (el individuo produce gérmenes), nosocomial (el paciente desarrolla una infección a raíz de una estancia hospitalaria) o también oportunista (la infección se desarrolla en un sujeto sano, pero no provoca enfermedad mientras el organismo se defienda bien). Es importante recordar que una infección se desarrolla más a menudo en un individuo con las defensas inmunitarias debilitadas. Por utilizar una metáfora bélica, si te atacan unos enemigos y tu castillo no está bien protegido, ¡es fácil que te invadan rápidamente! Este capítulo, como los anteriores, no pretende minimizar la gravedad de una enfermedad infecciosa, sino dar consejos preventivos a fin de fortalecer el organismo. Un cuerpo en buen estado resiste de forma natural a más patologías.

La higiene diaria: ni demasiado ni demasiado poco

¿Puede ser que los excesos de higiene y antibióticos durante la primera infancia expliquen el aumento de las alergias? (véase capítulo anterior) ¿Puede ser que el mundo ultraestéril en que vivimos contribuya a aumentar las enfermedades autoinmunes, inflamatorias e infecciosas?

Los reflejos que no siempre tenemos presentes

Una buena higiene es por supuesto esencial para no desarrollar inútilmente muchas infecciones a lo largo del año. Hay que procurar, por tanto, adquirir buenos hábitos cotidianos. En una obra anterior recordé la importancia de las reglas básicas, que a menudo por desgracia se olvidan porque la higiene ya ni se enseña o se enseña poco en la escuela, ni en la facultad de medicina, ni siquiera la enseñan ya las madres a sus hijos. Pero ¡la higiene funciona muy bien! Citemos algunos ejemplos:

— El simple hecho de lavarse las manos antes de sentarse a la mesa o después de ir al retrete reduce 20 por ciento las infecciones respiratorias y digestivas.

— Cerrar la tapa de la taza antes de jalar la cadena evita el efecto de aerosol gracias al cual los gérmenes entran en los pulmones.

— Cambiar la almohada regularmente es importante, porque al cabo de dos años 10 por ciento de su peso corresponde a ácaros muertos o a deyecciones de ácaros.

— Limpiar la nevera dos veces al mes es elemental a causa del riesgo de desarrollo microbiano —como la temible Listeria— que se desarrolla justamente en atmósferas frías y húmedas a cuatro grados.

— Congelar el pescado si se quiere consumir crudo elimina el anisakis, parásito que puede ocasionar perforación intestinal; hacer lo mismo con la carne de buey preparada para *steak tartar* evita contraer solitaria, cosa que hacen cien mil franceses al año.

— Hay que saber que determinados alimentos no se conservan, como todos los *tartars* y la mayonesa casera.

— Recuerda que lo que sirve para limpiar puede resultar un factor temible de suciedad. La esponja puede convertirse en un nido de microbios si no se la pasa por lejía regularmente antes de ponerla a secar. Los trapos de cocina deben lavarse lo más a menudo posible a sesenta grados, y jamás deben reutilizarse si están húmedos.

— La toalla no se debe compartir con toda la familia: al pasarnos la toalla, nos pasamos al mismo tiempo los microbios. Asimismo, procura que la toalla esté seca antes de usarla. Si todavía está húmeda, tírala sin vacilar al cesto de la ropa sucia, porque una toalla húmeda es un perfecto medio de cultivo para los microbios. En veinticuatro horas tienen tiempo suficiente para multiplicarse. Resultado: una vez limpios, habrás esparcido por tu cuerpo una colonia de microbios que se desarrollarán preferentemente en los pliegues, provocando luego irritación e infecciones.

El guante de ducha sólo se debe utilizar una vez y luego lavarlo. De lo contrario, la segunda vez servirá para repartir la mugre por todo el cuerpo.

Lavarse las manos aleja los malos sentimientos

El lavado de las manos puede revestir una dimensión simbólica y psicológica. Este gesto permitiría alejar los malos sentimientos, las dudas y los pensamientos negativos. Es lo que ha constatado el profesor Spike Lee (Lee *et al.*, 2010) en Estados Unidos al interrogar a personas que se habían lavado las manos. Pienso que esto sigue siendo un gesto de higiene eficaz para prevenir numerosas enfermedades infecciosas y de precaución ante una eventual transmisión a terceros. Si, simultáneamente, se pueden eliminar los microbios y los malos pensamientos, ¡razón de más para no olvidar este gesto sano y cotidiano!

— Recomiendo lavar las sábanas al menos una vez por semana. También cambia regularmente el cepillo de dientes, sobre todo después de gripe o anginas, para evitar no sembrar y arrastrar infecciones de nunca acabar. Para ahorrar cepillos de dientes, aconsejo ponerlos sencillamente de vez en cuando en el lavaplatos con el detergente habitual. Un estudio científico ha demostrado que este método desaparece la totalidad de los microbios presentes. Al fin y al cabo, lavamos los platos cada día, ¿por qué no íbamos a lavar el cepillo de dientes?

— En cuanto a los platos que no van inmediatamente al lavaplatos, enjuagalos en una solución con unas gotas de lejía para evitar que se forme un caldo de cultivo que en la cocina es fácil que se desarrolle.

— Piensa también en controlar, mediante una esponja y lejía, las juntas de goma del lavaplatos que muchas veces están contaminadas por mohos.

— No olvides evidentemente practicar una limpieza regular de los objetos cotidianos, como los mandos de la tele, los interruptores de la lamparilla de noche, el teléfono portátil, las gafas, la tapa del reloj... Sabiendo que 92 por ciento de los móviles están recubiertos de microbios, entre ellos 16 por ciento de bacterias fecales, hay motivo suficiente para limpiarlos y, en todo caso, no prestarlos para no intercambiar microbios... y tal vez también para no aumentar el propio recibo del teléfono.

Lavarse en el buen sentido

Para lavarse bien siempre hay que ir de arriba abajo. La razón es sencilla. Vale más empezar por las zonas más limpias y acabar por las más sucias como los pies para no diseminar gérmenes en el jabón de los pies y las nalgas hacia la cara. Este orden también da un sentido más lógico al flujo del agua. Para detalles más íntimos, muchas vaginitis podrían evitarse no con un secado de las nalgas en el sentido del ano hacia la vagina en vaivén, sino del ano hacia la espalda para evitar la migración de los microbios del margen anal hacia la vagina. Todo esto parece lógico, y sin embargo...

Girar la taza

Si estás en un bar de dudosa higiene y acabás de observar que el camarero hace un lavado somero de las tazas poniéndolas un segundo del revés debajo de un chorrito de agua, sientes asco y es bastante normal. Hay enfermedades que pueden transmitirse por simple contacto. Beber justo después de alguien afectado de un herpes labial o de una gastroenteritis no es recomendable. En caso de duda, hay un simple gesto que reduce los riesgos de transmisión: en lugar de coger la taza con el asa a la derecha, pon el asa a la izquierda. Como la gente suele tomar la taza con el asa a la derecha, beberás el café por un sitio por el que no bebe nadie.

¿Demasiada higiene mata la higiene?

Encontrar un justo equilibrio

Es evidente que los progresos en materia de limpieza han contribuido de forma espectacular a reducir la frecuencia de las infecciones y a prolongar la esperanza de vida. Pero a veces lo mejor puede ser enemigo de lo bueno. El exceso de higiene mata la higiene, y de ahí la dificultad de encontrar el justo medio entre las reglas básicas necesarias y una higiene patológica. Empezaré con un ejemplo muy gráfico: ¡nunca hay que usar productos antisépticos o jabón para lavarse la vagina! Estos productos destruirán literalmente el equilibrio biológico interno de la flora y provocarán lo contrario de lo que se deseaba, por ejemplo vaginitis repetidas. Hay que recordar que la vagina es una especie de «horno autolimpiante» y no necesita productos especiales para su mantenimiento íntimo. En este mismo sentido, el exceso de antibióticos, cuando no son necesarios, puede provocar la selección de cepas resistentes y romper el equilibrio de la flora intestinal. La noción de ecología microbiana es esencial. El cuerpo humano es portador de millones de gérmenes que forman un equilibrio estable. Hay que mantener en lo posible ese frágil equilibrio.

Sin embargo, muchos estudios suscitan preguntas sobre los extraños vínculos existentes entre ciertos microbios y el asma. El ejemplo de la úlcera gástrica es especialmente elocuente. Cuando yo estudiaba medicina, la úlcera gástrica era considerada una enfermedad psicosomática debida a un estrés excesivo que, además, tenía complicaciones temibles, como una perforación gástrica con hemorragia o una peritonitis. Muchos pacientes sufrían intervenciones quirúrgicas con extirpación del estómago, lo que hacía muy penoso el resto de su vida, obligándoles a ingerir cantidades minúsculas a cada comida. Y sin embargo, el tratamiento existía pero no se sabía que se podía prescribir. En efecto, muchos años más tarde un investigador descubrió que la úlcera gástrica estaba relacionada sencillamente con una bacteria: el *Helicobacter pylori*. Un tratamiento antibiótico permitía deshacerse de él. Pero he aquí que unos trabajos científicos recientes siembran dudas, pues demuestran que la presencia del *Helicobacter pylori* disminuye la frecuencia de asma en los pacientes que lo tienen.

A través de los resultados de estos estudios atisbamos todas las dificultades de las relaciones entre la higiene, el sistema inmunitario y las alergias. El organismo debe «hacer su aprendizaje» entrando progresivamente en contacto con diferentes microbios para construirse una inmunidad sólida, y al mismo tiempo es imperativo protegerlo de los agentes infecciosos que lo amenazan. No es fácil establecer el límite entre el manejo de los microbios o los tóxicos y la buena salud. Así, la toxina botulínica utilizada para borrar las arrugas o para disminuir ciertos espasmos también es un veneno que puede matar.

El estornudo es beneficioso

Cuando una persona estornuda o tose poniéndose la mano delante de la boca, esa mano se llena de virus. Justo después, al darle la mano a alguien, siempre en un contexto de impecable cortesía, se produce el contagio. Hay que adquirir la costumbre de estornudar o toser acercándose la manga a la boca o usar pañuelos de papel. En la práctica estornudar puede ser un factor para propagar los virus de una persona resfriada a más de doscientos kilómetros por hora. Es un medio rápido de difusión de las enfermedades virales.

Cuando una persona estornuda, es corriente que los que la rodean tiendan a interpretar el fenómeno como algo negativo. Los «Jesús», «salud», «abrígate» y «cuidado» son moneda corriente. De hecho, a la luz de algunos trabajos científicos recientes, vemos que estornudar es muy bueno para la salud. El estornudo permite expulsar los microbios acumulados en las fosas nasales. Sacar bruscamente el aire estimula la mucosa nasal encargada de eliminar las bacterias, los virus y los residuos de contaminación urbana. Es como un sistema de ventilación y de purificación del aire. No dudes en utilizar este sistema totalmente saludable, expulsando tus microbios en un pañuelo y lavándote las manos después.

El estornudo en las distintas épocas y culturas

En la Edad Media mucha gente creía que al estornudar podía entrar el demonio por la boca; de ahí que se empleara la mano como protección. Esta costumbre ha persistido a lo largo de los siglos. Según las culturas, el estornudo tiene las más variadas interpretaciones: para los japoneses, si estornudas una vez significa que alguien habla bien de ti, dos veces alguien habla mal, tres veces un pretendiente habla de ti, y más de tres veces que estás resfriado...

Los besos vacuna

El secreto de la saliva

La saliva que se intercambia con el beso atesora propiedades descubiertas hace poco. Contiene una proteína: la SLPI. Este componente de la saliva tiene efectos biológicos poderosos que combaten los microbios, las micosis y algunos virus. Estos datos permiten comprender por qué la transmisión del virus del sida por la boca es sumamente infrecuente. Además, esta proteína tiene el poder de contribuir a la cicatrización de los tejidos, con efectos antiinflamatorios. Un equipo de investigadores de Estados Unidos ha aplicado esta famosa proteína a la piel de ratones con heridas. Al cabo de cuarenta y ocho horas, los ratones estaban curados. Tal vez sea esta la explicación del comportamiento de los animales que se lamen las heridas, y del de los niños que les piden a sus padres que besen sus pequeñas heridas para que se curen mejor... Los besos también provocan un aporte de saliva a la pareja, favoreciendo la neutralización de los ácidos, la lucha contra la placa dental y las caries, y expulsando las partículas alimenticias residuales. El flujo de saliva activa la proteína antibacteriana, lo cual es excelente para los dientes.

La monogamia transitoria recompensada

Al principio de la relación amorosa, los besos permiten evitar, gracias al intercambio de saliva entre los enamorados, que la futura madre transmita algún día una grave enfermedad vírica a su bebé. A través de los besos, la futura madre se inmuniza contra los citomegalovirus. Estos virus se contraen con el beso. En general, la enfermedad pasa inadvertida y se cura espontáneamente sin dejar secuelas. Tal vez la persona se sienta fatigada y tenga fiebre, que atribuirá a una gripe pasajera. En cambio, gracias a este contacto viral, la mujer se inmuniza para toda la vida contra los citomegalovirus. Es importante adquirir una buena protección porque esa enfermedad, que es benigna para el adulto, es temible para el feto, ya que puede provocar retraso mental severo, sordera y afecciones hepáticas. La inmunidad óptima se sitúa aproximadamente seis meses después del primer beso, pero hay un pequeño residuo. Existen diferentes cepas de este virus, lo cual hace que la mujer sólo esté protegida contra una sola cepa, la que su pareja inicial le ha transmitido. En resumen, cada hombre presenta una cepa específica del virus. Esta constatación invita a la monogamia durante los seis meses que preceden a la concepción de un bebé. Cabe observar, no obstante, que una joven que haya practicado el beso con múltiples parejas estará inmunizada contra muchas cepas de ese virus. Estas constataciones médicas demuestran el poder de los besos como activadores de la inmunidad a través del intercambio de saliva entre los miembros de la pareja.

Proteger a los hijos

La lactancia es beneficiosa para los hijos y para las madres

Futuras mamás o madres que me leen, sepan que este párrafo no pretende culpabilizarlas en lo más mínimo. La lactancia es una elección, y por razones médicas o personales son muy libres de no amamantar a vuestro hijo. Si hablo aquí de la lactancia es porque resulta muy beneficiosa para la salud, y no sólo para la salud del niño. En general, se piensa en todas las ventajas de la lactancia para el recién nacido, pero se olvidan todos los puntos fuertes para la madre. Es asombroso comprobar hasta qué punto la lactancia actúa en términos de prevención y de salud. Reduce los riesgos de cáncer de ovarios, útero y mama. También protege de la osteoporosis. Un equipo noruego estudió el caso de cinco mil mujeres entre 50 y 94 años durante quince años. Demostró que las mujeres que habían amamantado a sus hijos presentaban dos veces menos riesgos de fractura del cuello del fémur que las que no lo habían hecho. También se ha constatado que la lactancia provoca una reducción de las necesidades de insulina en las madres diabéticas. Además, como actúa bloqueando la ovulación, es evidente que contribuye a preservar mejor la valiosa reserva de ovocitos, y tal vez así a retrasar la menopausia (véase recuadro de páginas 116-117). La duración de la lactancia varía mucho según los países y las culturas. En Francia, las mujeres suelen dar el pecho durante diez semanas, frente a duraciones de hasta dos años en África y siete entre los inuits. Entonces, teniendo en cuenta los efectos positivos, ¿por qué no prolongar la lactancia si ello es posible? ¿Se puede amamantar si no hay embarazo? ¿Podría la lactancia convertirse en un factor de prevención y de salud por sí misma? Es perfectamente posible amamantar sin haber estado encinta, y esto puede interesar por ejemplo a las mujeres que adoptan o que por razones de infertilidad emplean madres de alquiler. Hay que saber que las dos hormonas que desencadenan la lactancia, la prolactina y la oxitocina, pueden estimularse independientemente del embarazo. Es la hipófisis, en el cerebro, la que controla su producción, y no los ovarios como cabría pensar. Es, pues, una cuestión de simple estimulación mecánica del pezón la que desencadena la subida de la leche. Este trabajo de estimulación del pezón que el bebé realiza instintivamente puede producirse por procedimientos mecánicos sin que haya embarazo. En la práctica, para obtener este resultado, hacen falta unas doce estimulaciones diarias, cosa que se puede conseguir con un sacaleches.

Vale la pena señalar que la leche de una mujer que amamanta a un niño de 18 meses es igual de rica que la de una mujer que amamanta a un bebé de tres meses. Algunos estudios tienden incluso a demostrar que es un poco más rica. Un grupo de investigadores israelíes ha comparado la leche de mujeres que amamantan entre dos y seis meses con la de mujeres que lo han hecho entre doce y treinta y nueve meses. En el primer caso, el contenido medio de materias grasas era de 7 por ciento, frente a 11 por ciento en el segundo. Un litro de leche de las mujeres del grupo 1 correspondía a setecientas cuarenta calorías, frente a ochocientas ochenta calorías para el grupo 2. Para la madre, el gasto energético para producir un litro de leche se sitúa entre setecientas cuarenta y ochocientas ochenta calorías, lo cual es considerable. La lactancia, que es beneficiosa para el niño porque refuerza su inmunidad, también tiene un impacto en la salud futura de la madre. Los estudios científicos han demostrado que las alergias, como la fiebre del heno por ejemplo, eran menos frecuentes en los niños que habían mamado más de seis meses. El riesgo alérgico se reducía en 29 por ciento para una lactancia de entre seis y doce meses, y en 64 por ciento para una lactancia de más de un año. La madre también se beneficia de la prolongación de la lactancia, que reduce el riesgo de desarrollar una diabetes tipo 2. Los trabajos científicos han demostrado que las mujeres que amamantan al menos un año tenían una reducción del riesgo de diabetes de 15 por ciento, comparativamente con las que nunca amamantaron. Además, cada año de lactancia suplementaria disminuye el riesgo en 15 por ciento. En otras palabras, tras dos años de lactancia, el riesgo para la madre de desarrollar una diabetes en lo que le queda de vida se reduce en 30 por ciento, lo cual es considerable sabiendo lo frecuente que es esta enfermedad en la edad madura. Resulta, pues, que la lactancia materna desencadena un ciclo virtuoso tanto para la madre como para el hijo. Además, la pérdida de peso será más rápida tras los seis primeros meses del postparto. Pero hay que tener cuidado y vigilar a la madre que amamanta mucho tiempo para asegurarse de que no desarrolla carencias. Si es el caso, el médico comprobará los aportes alimenticios y, si es preciso, prescribirá complementos alimenticios adaptados.

Todos los años se publican nuevos estudios que destacan ventajas adicionales de la lactancia, sobre todo de larga duración. Percibir la lactancia como una estrategia de prevención y de salud para la madre y para el hijo es una nueva dimensión médica.

En cuanto a la lactancia provocada sin embarazo, se abre una nueva vía para la investigación. Si apuramos el razonamiento, ¿qué resultado daría una lactancia cotidiana durante un año con sacaleches en una mujer fuera de todo contexto maternal? Sin duda es un tabú profundo, pero merece una reflexión. ¿Qué impacto tendría en el peso, el riesgo de diabetes y la frecuencia de los cánceres ginecológicos?

Retrasar la menopausia

A lo largo de la vida de una mujer, el número de ovocitos (células sexuales femeninas que permiten la reproducción) disminuye de año en año, y es evidente que todo lo que sea ahorrar es bueno. La edad media de la menopausia se sitúa en los 50 años, pero existen diferencias importantes de una mujer a otra, entre los 45 y los 55 años. La menopausia corresponde al agotamiento de la reserva de ovocitos ováricos. Hay muchos factores que intervienen para explicar una diferencia en la edad de la menopausia, que puede llegar a ser de diez años. Es evidente que hay que hacer todo lo posible para retrasarla al máximo porque va acompañada de muchos elementos negativos, como el aumento de los riesgos cardiovasculares, el mayor riesgo de osteoporosis y los problemas cutáneos, que corresponden globalmente a una aceleración del envejecimiento. Hay factores étnicos, como el hecho de que las mujeres japonesas tienen una menopausia más tardía. También intervienen otros datos no genéticos sobre los que es posible actuar. En una obra anterior,* destaqué la relación entre el nivel de colesterol, la tensión arterial, el consumo de tabaco y la edad de la menopausia. Modificando determinados parámetros, se puede llegar a retrasar hasta siete años. La razón es sencilla: los vasos que irrigan los ovarios son finos y sensibles a las alteraciones que los hacen menos eficaces para la irrigación de los tejidos. Estas alteraciones precipitan la disminución de la reserva ovárica.

* Frédéric Saldmann, *La Vie et le Temps*, Flammarion, 2011.

Contraer la toxoplasmosis

La toxoplasmosis es una enfermedad que forma parte de las zoonosis, afecciones transmitidas a los humanos por los animales. En el caso de la toxoplasmosis, los animales que las transmiten son: los gatos (que a menudo se contaminan a su vez comiendo ratones), las ovejas (dos tercios de ellas), los cerdos (una cuarta parte de ellos) y los bovinos en menor grado. Es posible saber si un gato es portador de la enfermedad mediante pruebas de laboratorio, lo cual tiene su importancia pues el resultado positivo generalmente no va acompañado de síntomas particulares. El contagio del animal al humano se efectúa ya sea viviendo en contacto con gatos, consumiendo carne cruda o no lo bastante cocida. En el adulto la enfermedad no es grave. Se parece a una gripe banal con un poco de fiebre, dolores musculares pasajeros, cansancio y algunos ganglios. Sin ningún tratamiento, todo vuelve por sí mismo a la normalidad al cabo de una semana. En algunos casos el sujeto no presenta ningún síntoma y la enfermedad pasa inadvertida. El único riesgo de esa enfermedad afecta a la mujer embarazada. En efecto, si una futura madre contrae la toxoplasmosis durante el embarazo, pone en peligro al feto, que puede ser víctima de una toxoplasmosis congénita cuyas complicaciones neurológicas y oculares pueden ser terribles y hasta causar ceguera. Cuando una futura madre presenta una serología negativa al principio del embarazo, deberá someterse a controles sanguíneos regulares y seguir una serie de consejos:

— no acercarse a los gatos;

— evitar la carne de cordero;

— consumir todas las carnes muy cocidas;

— lavar con sumo cuidado las frutas, las hortalizas y verduras que se coman crudas;

— no manipular la tierra ni dedicarse a la jardinería.

Cuando una mujer confirma con un simple análisis de sangre que nunca ha tenido la toxoplasmosis, se le recomienda, mientras está tomando anticonceptivos o está segura de no estar encinta que se exponga a esa enfermedad jugando con gatos, por ejemplo, o consumiendo cordero asado poco cocinado... Al contraer esa enfermedad benigna, protegerá a su bebé el día en que decida tenerlo. Por desgracia, la primera prueba serológica de toxoplasmosis se suele hacer al principio del embarazo, y entonces habrá que protegerse por todos los medios contra esa enfermedad.

Unos órganos que no son tan inútiles como parece

Las amígdalas, el apéndice...

«Es verdad que puede vivir sin...» He oído a menudo este comentario después de la extirpación del apéndice o de las amígdalas. En ciertos casos, no hay más remedio que extirpar quirúrgicamente esos órganos porque, si están infectados, pueden representar un peligro para la vida. Pero en la actualidad las cosas han cambiado. Los médicos sopesan con cuidado los pros y los contras antes de meter a un paciente en el quirófano. Para la apendicitis los progresos del diagnóstico mediante la imagen, la ecografía y el escáner permiten evitar operaciones inútiles. Para las amígdalas se prefieren los tratamientos médicos antes de plantearse unas operaciones que ya no son como antes, sistemáticas en cuanto aparecían unas anginas.

La diferencia es que hoy sabemos que esos órganos tienen un papel activo en la lucha del organismo contra las infecciones. Las amígdalas intervienen en la defensa inmunitaria. Situadas justo a la entrada de las vías aéreas y digestivas, son un puesto avanzado para combatir los microbios. Si se extirpan, las células inmunocompetentes podrán seguir produciéndose de forma natural en otros órganos, como los ganglios o la médula.

El número de operaciones de apendicitis ha pasado en Francia de trescientos mil a ochenta y tres mil en veinte años. Hay dos factores que contribuyen a explicar estas cifras. Unos medios de diagnóstico más precisos, pero también una mejor comprensión de la función de ese órgano, que ya no se considera una excrecencia inútil. Algunos investigadores han mostrado que podría intervenir como una reserva de bacterias buenas, capaces de recolonizar el intestino después de diarreas importantes, y también de contribuir a la producción de células inmunocompetentes para protegernos de las infecciones. Desde hace poco, el equipo del profesor Rodney Manson, de Estados Unidos, está experimentando un tratamiento con antibióticos para tratar la apendicitis, lo cual abre una nueva vía para la investigación de la terapia de esa enfermedad.

El poder sutil del vello

En nuestra sociedad el vello no tiene buena prensa. Cada vez son menos los hombres que llevan barba o bigote, y las mujeres utilizan en abundancia cremas, depilaciones definitivas o semidefinitivas, láseres, cera... toda una panoplia para luchar contra el vello.

No obstante, descubrimientos científicos recientes demuestran que el vello tiene una utilidad hasta ahora insospechada. El estudio realizado demostró, en efecto, que el vello contribuye a luchar contra parásitos como las chinches. Frena su progresión en la piel, y su presencia permite detectar a los intrusos más rápidamente que en una piel lampiña, lo cual hace que la víctima pueda eliminarlos de un manotazo. Tal vez por eso los humanos son la única especie de primates víctima de las pulgas...

La mirada que cura

Mucha gente tiene miedo de entrar en contacto con enfermos. El miedo a la enfermedad y al contagio aleja a las personas. Como médico, me han hecho muchas veces esta pregunta: ¿cómo es que ustedes, los doctores, que están siempre en contacto con enfermos, no contraen todos los microbios? El hecho de estar bien vacunado contra la gripe, las hepatitis y otras enfermedades no lo explica todo. Un estudio reciente realizado por un brillante equipo de investigadores canadienses echa por tierra muchos tópicos.

Mirar enfermos activa el sistema inmunitario

Los investigadores han descubierto que haciéndoles mirar durante diez minutos fotos desagradables de personas enfermas, las defensas inmunitarias de los sujetos se incrementaban. Las fotos representaban a personas afectadas por enfermedades infecciosas severas con toses productivas, chorreo nasal, granos purulentos, pústulas y toda clase de manifestaciones suficientemente demostrativas. Los científicos practicaron después extracciones sanguíneas a estos sujetos y expusieron su sangre a agentes infecciosos. Los análisis mostraron que los sujetos que miraron las fotos habían producido, a partir de sus glóbulos blancos, un aumento de 25 por ciento de sus citoquinas, que son elementos que intervienen en la calidad de la respuesta inmunitaria.

En la práctica, su sistema inmunitario estaba más estimulado para responder a los agentes infecciosos. Se realizaron otros trabajos partiendo de la hipótesis de que lo que activaba el sistema inmunitario era de hecho la estimulación, cualquiera que fuese el agente utilizado. Los investigadores presentaron fotos de hombres que amenazaban con armas. Los resultados no mostraban diferencias significativas en cuanto a la inmunidad. En todo caso, este estudio sorprendente puede modificar la actitud de ciertas personas que tienen tendencia a huir de los enfermos como si fueran apestados.

6

Conocer los pasos que curan y alivian

«La verdadera libertad es el dominio absoluto de uno mismo.»

MICHEL DE MONTAIGNE

Existen formas sencillas y manuales para tratar y curar muchos síntomas sin recurrir a moléculas químicas. Basta activar puntos anatómicos concretos del cuerpo para estimular reacciones fisiológicas. La idea del tratamiento manual se me ocurrió gracias al estudio de la cardiología. En una disciplina tan rigurosa, a veces tratamos a los pacientes simplemente con nuestras manos, como en el caso del masaje cardiaco, por ejemplo. Es uno de los gestos más hermosos de la cardiología. ¡Pensar que si ejerces con regularidad cierta presión en un punto del pecho puedes resucitar a una persona que unos instantes antes estaba muerta! También se pueden tratar enfermedades cardiacas con los dedos. La primera vez que lo vi, siendo yo estudiante de medicina, se trataba de un joven de 16 años que presentaba una enfermedad de Bouveret, caracterizada por aceleraciones importantes del corazón que se producen de forma intermitente. El corazón, que normalmente late entre setenta y ochenta veces por minuto, puede llegar a alcanzar los doscientos cincuenta latidos por minuto. El joven estaba pálido, cubierto de sudor y notaba que la vida se le iba. Yo observaba al reanimador de guardia masajeando con sus dedos un punto preciso del cuello y, en pocos segundos, como si le hubiese dado a un interruptor, se produjo un clic. El corazón recuperó de repente su ritmo normal. La piel del chico recobró el color. Ya no sentía ningún malestar. Al ejercer una presión sobre un punto anatómico concreto, se había producido una reacción fisiológica. Descubrí que fuera de la cardiología había numerosos puntos en el cuerpo humano que, bien estimulados, podían curar. Siempre que sea posible, aprende a curarte a ti mismo, sin recurrir al médico ni al farmacéutico.

Gestionar las situaciones de urgencia

El paro cardiaco y las patologías del corazón

Cada año mueren de paro cardiaco entre 35 mil y 55 mil personas en México. Es una lástima que el masaje cardiaco no sea más conocido, pues sabemos que menos de 20 por ciento de los testigos de un paro cardiaco lo practican. Parto del principio de que más vale el masaje cardiaco de un aficionado que nada. Si no se hace nada, no se le da a la víctima ninguna posibilidad de sobrevivir. Si algún día te encuentras en esta situación, he aquí los pasos básicos que hay que hacer:

— Comprueba que el paciente ha perdido el conocimiento.

— Llama al 112 (emergencias médicas).

— Coloca a la víctima sobre una superficie dura, pon las manos, una encima de otra, en medio del tórax y mantén los brazos estirados.

— Presiona unas cien veces por minuto empleando todo el peso de tu cuerpo para hundir la caja torácica varios centímetros.

— Afloja bien entre cada compresión y continua hasta que llegue la ambulancia.

No hay que dudar en continuar el masaje cardiaco el mayor tiempo posible. En 1998, a raíz de un paro cardiaco en el quirófano, al ministro Jean-Pierre Chevènement le hicieron un masaje cardiaco que duró cincuenta y siete minutos. El corazón volvió a ponerse en marcha al cabo de casi una hora de masaje y el ministro salió del hospital después de unos días sin ninguna secuela.

También quiero hablar del puñetazo esternal. Es un método que puede poner en marcha el corazón en caso de paro cardiorrespiratorio. El gesto consiste en dar un puñetazo fuerte en el esternón de la víctima, lo cual corresponde a un choque eléctrico de baja intensidad. Por eso algunos lo llaman el choque eléctrico del pobre. En la práctica sucede que en casi una cuarta parte de los casos el corazón vuelve a latir tras ese golpe si se efectua justo después del paro cardiaco. Cuando hay testigos que asisten a ese tipo de reanimación, siempre les impresiona ver a un médico golpear a un paciente con tanto vigor...

Antes me he referido a ciertas enfermedades cardiacas, como la de Bouveret, que se trata con una simple presión de los dedos en un punto preciso del cuerpo. Para comprender cómo funciona este tipo de tratamiento hay que recordar algunas nociones médicas. En el cuerpo hay un nervio (llamado vago) que es una especie de freno para impedir que el corazón lata demasiado rápido. Al estimular este nervio, el médico aprieta el pedal del freno y el corazón recupera su ritmo normal.

Existen varias formas de estimular este nervio. El masaje carotídeo unilateral durante veinte segundos no se puede practicar en personas jóvenes cuyas arterias están exentas de ateroma. La compresión moderada de los glóbulos oculares durante treinta segundos produce el mismo efecto. Sin embargo está contraindicada en los individuos que presentan desprendimientos de retina, glaucoma, miopía, que llevan lentes de contacto o han sufrido una intervención quirúrgica reciente en el ojo. Para la pequeña historia cabe decir que gracias a eso unos científicos descubrieron que la frecuencia cardiaca disminuye cuando una persona se frota los ojos. Existen otras formas de estimular el nervio vago. Por ejemplo, poniéndose el dedo en la úvula al fondo de la garganta para provocar una reacción de vómito o —menos agresivo— bebiendo muy deprisa un vaso grande de agua helada.

En otros casos el nervio vago excesivamente estimulado puede provocar un síncope vagal y, a su vez, este síncope desembocar en un breve desmayo, ya que el caudal sanguíneo es insuficiente para aportar la sangre oxigenada al cerebro. La frecuencia cardiaca baja demasiado, ocasionando una caída brusca de la tensión arterial. La víctima se pone pálida y se derrumba. Lo que hay que hacer es levantarle las piernas a noventa grados para irrigar mejor el cerebro mientras llega la ambulancia.

Irse por el otro lado

El atragantamiento es más frecuente en niños y en personas de edad avanzada. A veces cuando comen se tragan sin querer un cuerpo extraño, como una ternilla o el hueso de una fruta; y éste, en vez de bajar normalmente al estómago, tapona las vías aéreas. En el mejor de los casos la persona logra escupir el cuerpo extraño tosiendo con fuerza. Pero en otros la tos no basta para expulsar al intruso y la persona literalmente se ahoga. Puede ocurrir que el cuerpo extraño provoque una asfixia por obstrucción de la tráquea.

Si la persona se asfixia, no hay que perder tiempo. Las urgencias médicas pueden llegar demasiado tarde. Lo primero que se debe hacer es ponerse de pie al lado del sujeto, mantenerle el tórax inclinado hacia delante y administrarle una serie de golpes fuertes en la espalda. A pesar de estos esfuerzos, a veces la persona sigue asfixiándose. El paso del aire está totalmente interrumpido y de la boca de la víctima ya no sale ningún sonido. Ha dejado de toser. En este caso cambiaremos de posición, nos colocaremos detrás de su espalda, con un pie entre sus dos pies. Pondremos el puño al nivel de la boca del estómago, debajo del esternón, y cubriremos el puño con la otra mano, ejerciendo una serie de tracciones muy fuertes hacia nosotros y hacia arriba (movimientos en forma de J). Una sola persona y sin ayuda puede practicar con sus puños esta maniobra, llamada de Heimlich, en caso de asfixia por cuerpo extraño. En las mujeres embarazadas y en los bebés no es posible practicar esta maniobra. Hay que proceder de otra forma. Quiero añadir que nunca hay que colgar a una persona por los pies ni ponerle el dedo en la boca para hacerla vomitar (riesgo de vómito con inhalación).

Detener un sangrado o una hemorragia

El sangrado nasal benigno se detiene simplemente presionando con los dedos. Hay que empezar por sentarse en una silla o en el suelo. Lo primero que hay que hacer es sonarse con cuidado para que salgan los posibles coágulos. Luego hay que inclinar la cabeza hacia delante (para que la sangre no fluya hacia la garganta y no provoque vómitos). Ya sólo queda comprimir con firmeza las aletas de la nariz con el pulgar y el índice durante diez minutos sin interrupción para que la coagulación pueda realizarse y se detenga el sangrado. Naturalmente, si sólo sangra una ventana, bastará con comprimir ésta.

En otros casos los dedos pueden salvar una vida deteniendo una hemorragia antes de que lleguen los servicios de urgencia. Puede tratarse de una herida producida por un accidente en una extremidad que provoque una hemorragia con peligro para la vida. El gesto que salva es sencillo. Basta apretar de forma continua sobre la herida con los dedos o con toda la mano para impedir que salga la sangre mientras llega la ambulancia. Por razones de higiene, siempre que sea posible, hay que interponer una gasa entre la mano y la herida. Demasiado a menudo, por desgracia, hay víctimas de accidentes que fallecen delante de una serie de personas sin que éstas puedan hacer nada. Existe otro origen de las hemorragias: las roturas de varices en las piernas. Esta rotura puede provocar la muerte por su intensidad. Mientras se espera la llegada de las urgencias médicas, hay que acostar a la víctima, levantarle las piernas hasta los noventa grados para detener la hemorragia y oprimir con la mano en el punto del que mana la sangre.

Cuidar la esfera otorrinolaringológica

Masajear las encías es la base natural para tener una hermosa dentadura

Unas encías sanas son esenciales para mantener los dientes en buen estado. El cepillado de los dientes tras cada comida es de rigor, pero los cuidados diarios de las encías mejoran todavía más la calidad de los dientes. Tomando la encía entre el pulgar y el índice, se puede efectuar un masaje suave y eficaz para la salud bucodental. El masaje estimula la microcirculación sanguínea a nivel de las encías, lo cual es muy útil sobre todo en las zonas sensibles o doloridas.

Es una acción sencilla y cotidiana que refuerza considerablemente la solidez de los dientes. En verano, si nadas después de comer, utiliza el agua del mar para efectuar este masaje acuático, así aprovecharás además el efecto antiséptico del agua de mar.

Destaparse la nariz

Cuando se tiene la nariz tapada, la vida pierde intensidad, pues las sensaciones agradables generadas por el olfato desaparecen. Cuando al aire se le dificulta entrar en las fosas nasales se tiene una impresión de esfuerzo al respirar, que se traduce en una sensación de fatiga. También puede producirse una pérdida de apetito o falta de atracción sexual por el cónyuge. La nariz sirve además para limpiar, humidificar y calentar el aire que entra en los pulmones.

Hay que saber que existe un ciclo nasal. Cada tres horas en promedio se obtura parcialmente una ventana, como si se pusiera en reposo, luego la otra, y así sucesivamente, lo cual hace que permanentemente sólo respiremos de forma completa por un lado. La duración del ciclo puede variar, según los individuos, entre una y cinco horas. El fenómeno corresponde a una alternancia de vasoconstricción y vasodilatación de las pequeñas arterias de la nariz. Los vasos de la mucosa nasal reciben unos estímulos de los nervios simpáticos que provocan una vasoconstricción. Existe un gesto sencillo que se puede hacer para destapar la nariz. Basta apretar fuerte durante treinta segundos con el pulgar entre las dos cejas y al mismo tiempo apoyar con firmeza la lengua contra el paladar. El efecto es inmediato y provoca una sensación de bienestar nasal muy agradable. Desde el punto de vista anatómico, se estimulan así nervios simpáticos específicos (algunos situados en el ganglio esfenopalatino) y éstos reaccionan provocando una vasoconstricción nasal que destapa la nariz. Es como si, de forma natural, produjéramos unas gotas nasales para destapar la nariz sin ningún peligro de efectos secundarios, lo cual no es el caso de algunos tratamientos.

Fisiológicamente la nariz puede taparse o destaparse de forma espontánea en determinadas circunstancias. Al hacer un esfuerzo, al correr por ejemplo, la nariz se destapa, lo cual produce una sensación de bienestar. Al contrario, a veces la nariz se tapa durante las relaciones sexuales, siendo este fenómeno más acusado en el hombre que toma medicamentos tipo Viagra.

Es importante que la nariz esté bien humidificada, ya que el aire demasiado seco puede provocar sangrados. Hay un gesto muy interesante que puedes probar fácilmente y provoca un bienestar nasal formidable. Antes de acostarte, pon dos algodones impregnados de agua en cada ventana nasal durante unos minutos y luego sácalos. Esto no sólo aportará una sensación de comodidad muy agradable, sino que además, según ciertos especialistas, disminuye los ronquidos nocturnos.

En otro orden de cosas, si al salir del baño tienes agua en los oídos y la nariz, hay procedimientos para evacuarla. Para la nariz basta sonarse, y para los oídos hay que inclinar la cabeza hacia delante y hacia un lado para lograr que el agua salga de forma natural.

Luchar contra los ojos secos

Casi un tercio de la población padece de sequedad en los ojos. Este porcentaje se explica por numerosos factores: la contaminación urbana, el humo del cigarrillo, el polvo, el hecho de trabajar delante de una pantalla y la edad. En efecto, al envejecer, las glándulas lacrimales ya no producen lágrimas suficientes, sobre todo después de la menopausia. El hecho de tener los ojos secos conlleva muchas incomodidades. Son numerosas las personas que se quejan de picazón o irritación, de una especial sensibilidad al frío o a la luz. La fatiga ocular es el síntoma más frecuente. Esta fatiga ocular no es anodina porque puede confundirse con una fatiga general. Por la noche, cuando estamos extenuados, uno de los signos característicos es que nos piquen los ojos, que parecen estar deseando cerrarse para dormir. Si una persona que está en forma y bien despierta tiene los ojos secos en pleno día, eso desencadenará una señal refleja a nivel cerebral, como si esa persona ya estuviera muy cansada.

Por tanto, la sequedad de los ojos es algo que hay que tratar. Los ojos se lubrican gracias a las glándulas de Meibomio situadas en los párpados, cuya misión es segregar una sustancia aceitosa que protege el ojo de las agresiones externas. Con el tiempo ese aceite se vuelve más denso y le cuesta salir de las glándulas, lo que provoca sequedad ocular.

Para aliviar tus ojos existe un método simple y eficaz que se basa en dos principios clave: calentar y masajear los párpados para permitir que el aceite se vuelva más fluido y pueda salir. Para el calentamiento recomiendo emplear un guante húmedo y caliente o compresas que debes dejar diez minutos sobre los párpados. Antes de aplicarlas sobre los ojos se recomienda comprobar la temperatura en el dorso de la mano. Una vez calentado, el aceite saldrá para lubricar tus ojos gracias a un pequeño masaje suave y circular que practicarás con los dedos. Sobre todo no olvides lavarte las manos antes de ejercer el masaje sobre los párpados. Es aconsejable realizar este tratamiento una o dos veces al día mientras persista el síntoma. Si no cesa, habrá que consultar al oftalmólogo, que podrá recetar diferentes colirios para aplicarlos varias veces durante el día. También aconsejo cambiar la funda de la almohada al menos una vez a la semana para una mejor higiene especialmente de los párpados.

Del mismo modo es conveniente citar aquí un estudio japonés reciente que ha puesto al descubierto el efecto de la cafeína sobre la producción de lágrimas. Los investigadores nipones han observado que el hecho de consumir cuatro tazas diarias de café o diez tazas de té disminuía de forma significativa la frecuencia de los ojos secos. Esta observación nació de la constatación de que las personas que bebían estas cantidades de té o de café se quejaban menos de este tipo de patología.

Tratar los problemas del día a día

El hipo

El hipo se manifiesta a menudo tras una comida copiosa engullida demasiado deprisa, una carcajada, una tos o después de fumar. El hipo ocasional no reviste gravedad, al contrario de un hipo repetido o persistente, que es motivo de revisión médica. Existen pequeños medios sencillos para quitar el hipo, y algunas personas son más sensibles a una técnica que a otra. Por eso vale la pena conocerlas y probarlas. La más sencilla y la más conocida de las soluciones es beber un buen vaso de agua. También puedes intentar la maniobra de Van Wiljick, que consiste en ensanchar lo más posible el pecho y acercar los omóplatos echando los hombros para atrás durante diez segundos. No dudes en jugar con el ritmo respiratorio, conteniendo un momento el aliento o respirando muy despacio.

Para sonreír podemos recordar los trabajos científicos del profesor Odeh, que propuso con éxito un tratamiento asombroso para curar los hipos resistentes a los distintos medicamentos y maniobras físicas clásicas. Los quitó con un masaje digital rectal. Partió del principio de que el recto está inervado por unas fibras nerviosas que, estimuladas, provocan por reflejo que desaparezca el hipo. Es evidente que este método tan particular sólo se ha propuesto para los hipos rebeldes a todas las demás formas terapéuticas.

Dolor en el costado: apretar donde duele

El dolor en el costado o flato es un dolor agudo que conocen bien los deportistas aficionados y a veces incluso los profesionales. Se sitúa en general debajo de las costillas, pero también puede afectar a las clavículas, los intestinos o el estómago. Su frecuencia puede reducirse si se empieza progresivamente la actividad física, si uno se hidrata bien y evita hacer ejercicio en plena digestión. Existen finalmente algunos pasos que hay que conocer para desaparecer este dolor cuando se produce. Apretando con fuerza sobre la zona dolorida se obtiene a menudo un efecto muy rápido. Si no, basta con inclinarse hacia delante expulsando el aire de los pulmones, y el punto doloroso desaparece.

Saber escupir

La mayoría de la gente, por razones de cultura o de vergüenza, tiene grandes dificultades para escupir. En épocas normales no escupir no plantea mayores problemas. Pero cuando las secreciones bronquiales en el organismo son excesivas, tienden a generar una tos grasa reiterada. Algunos optan por jarabes o antibióticos, cuando basta saber escupir para resolver el problema. La técnica que da buenos resultados se llama expectoración dirigida. El primer paso es realizar una inspiración lo más profunda posible. Recomiendo entrenarse haciéndolo varias veces seguidas para ejercitarse en aumentar la capacidad torácica. Una vez que el aire ha sido inspirado a fondo, hay que evacuarlo empujando con los músculos abdominales y soplando fuerte para obligarlo a salir con potencia. Repitiendo varias veces el ejercicio, el sujeto logra escupir y limpiar bien sus pulmones. Aconsejo aislarse para no sentirte incómodo delante de los demás. Con esta técnica obtendrás un resultado formidable: la sensación de tener los pulmones limpios y de respirar a pleno pulmón.

El mareo

Muchos hemos sentido esas náuseas incómodas al navegar, privándonos así de un momento agradable. Para evitarlo, existe un ejercicio muy simple. Acuéstate boca arriba en el suelo delante de una pared. Pega las dos piernas a la pared en posición perpendicular durante dos minutos. El alivio es casi inmediato. Además, cuando te levantes, no cierres los ojos, fíjalos en un punto del horizonte lo más lejano posible, sin mirar las olas, y así podrás disfrutar plenamente de la travesía.

De la aerofagia a la indigestión sólo hay un paso

Cuando el estómago está distendido, se tiene una sensación de malestar. Esto se produce cuando al comer se traga demasiado aire. Se come deprisa, hablando, ingiriendo bebidas gaseosas y sin prestar atención a la presión del aire en el estómago, y eso provoca al levantarse de la mesa la sensación de haber comido mucho, una sensación que tardará horas en desaparecer. Es una incomodidad y una pesadez muy desagradable. En otros casos se trata de lo que se denomina una indigestión: el estómago ya no consigue evacuar los alimentos que uno ha consumido en cantidades excesivas. No hay que confundir la indigestión o empacho con una intoxicación alimenticia, que va acompañada de diarrea, y a veces de vómitos y fiebre. En el caso del empacho se trata simplemente de un exceso: muchos alimentos en una misma comida con demasiadas grasas, alcohol, embutidos, dulces y salsas. Desbordado por ese exceso de comida, el estómago está colmado y es incapaz de evacuar el bolo alimenticio hacia los intestinos. Todo ello va acompañado de una fuerte pesadez gástrica, náuseas, a veces fatiga y dolor de cabeza, malestar y, en todos los casos, falta absoluta de apetito.

Tanto si se trata de un exceso de aire en el estómago como de una indigestión, en ambos casos hay un procedimiento sencillo para ayudar al estómago a evacuar el exceso de aire. Basta meterse los dedos hasta el fondo de la garganta sin apretar, lo cual provocará una evacuación del aire sobrante pero no el vómito. Es un alivio inmediato que evita pasarse todo el día o toda la noche con náuseas y con el aliento cargado.

Hacer desaparecer los calambres

No hablaré aquí sino de los calambres ocasionales de las pantorrillas, que pueden producirse de manera esporádica y que no revisten mayor gravedad. El calambre corresponde a una contracción muscular que afecta a un músculo en parte o en su totalidad. El calambre se produce de repente y de manera involuntaria. Los otros calambres repetidos o en otras localizaciones requieren un examen médico. Sabemos que algunos factores favorecen los calambres: la deshidratación, el alcohol, el tabaco y el frío. Existen algunos procedimientos sencillos para dejar de sufrir, como caminar, que a veces basta para que el calambre desaparezca. Otro método consiste en tirar del dedo gordo del pie con suavidad hacia atrás y estirar el músculo. El alivio es inmediato.

Tratar la eyaculación precoz

Muchos hombres sufren de eyaculación precoz. Es un trastorno que arruina su vida y la de su pareja. Se define a través de varios criterios. Un lapso de tiempo entre la penetración del pene y la eyaculación inferior a un minuto, una incapacidad para retrasar la eyaculación y una insatisfacción de la pareja.

En otros casos, la eyaculación se produce tras una breve estimulación y antes incluso de la penetración. Los hombres viven mal este trastorno, que les provoca un sentimiento de vergüenza, de rabia contra sí mismos, de culpabilidad y de pérdida de autoestima.

En todos los casos no hay que dramatizar la situación y entablar un diálogo con la pareja para resolverla. A veces se produce una eyaculación precoz cuando se trata de una primera relación sexual con una nueva pareja. Pero en este caso el fenómeno suele ir desapareciendo en las siguientes relaciones. En otros casos hay que tratar ese trastorno, que produce ansiedad y frustración. Toda vez que la sexualidad es un fenómeno generador de plenitud y distensión, la eyaculación precoz anula los efectos beneficiosos de la sexualidad sobre el organismo a causa del estrés y la frustración.

Existe un método sencillo y eficaz para tratar la eyaculación precoz llamado el *squeeze*. Este método ha sido perfectamente definido por dos científicos estadounidenses, Masters y Johnson, y logra curar a la mayoría de los hombres que padecen eyaculación precoz. Se trata de una técnica de rehabilitación progresiva realizada por los dos miembros de la pareja. A lo largo de varias semanas, esta técnica permite retrasar el tiempo de la eyaculación para alcanzar una duración normal. Al principio de la penetración, la mujer coloca los dedos sobre el miembro del hombre, a nivel de la glande, con el pulgar a un lado y el índice y el corazón al otro. El índice se sitúa justo sobre la cabeza de la glande, mientras el corazón se sitúa justo debajo. Cuando el hombre siente que la eyaculación va a producirse, se lo dice a su compañera que, en ese momento, debe apretar muy fuerte el miembro entre el pulgar y los otros dos dedos. Hay que emplear sistemáticamente este método durante las relaciones mientras la duración de la eyaculación no satisfaga a la pareja. Gracias al dominio progresivo de la eyaculación se produce una verdadera reeducación de la sexualidad masculina. A veces se tardará varias semanas, y hasta meses. Si no hay progresos con este método, el médico de familia podrá prescribir otras soluciones terapéuticas.

7

Alcanzar la plenitud sexual

«¿Qué es la pasión?
Es una atracción irresistible,
como la de una aguja magnética
que ha encontrado su polo.»

MADELEINE CHAPSAL

A juzgar por los sondeos, los anuncios sugestivos y —seamos sinceros— nuestros pensamientos diarios, la sexualidad está en el centro de nuestras preocupaciones. Y sin embargo, sigue siendo una fuente de malentendidos y de ideas preconcebidas, como lo demuestran las consultas cada vez más frecuentes que reciben los sexólogos. Muchos de esos terapeutas confirman que sus pacientes llegan a menudo totalmente desorientados entre la avalancha de informaciones «oficiales» que se les suministran y su propia práctica. En nuestra sociedad competitiva, muchas veces se confunde, en efecto, prestación sexual con plenitud sexual. Una sexualidad feliz, no obstante, es la base de una buena salud física y mental. Es hora, pues, de poner en claro algunas cosas.

Recuperar la libido

Hacerse las preguntas adecuadas

La base de la sexualidad es la libido, que se puede definir como la energía relacionada con el deseo sexual. Tanto para los hombres como para las mujeres todo parte de la primera chispa, del deseo que nos empuja hacia la otra persona. Aparte de los factores psicológicos que pueden influir en la libido, existen otros fisiológicos y biológicos muy concretos que pueden aumentarla o, por el contrario, disminuirla. Es evidente que la libido es más importante en el individuo joven que en el de mayor edad y que existen muchas variantes de un sujeto a otro. Las circunstancias y la elección de la pareja pueden influir, pero a veces la raíz del problema es otra.

La disminución de la libido es un fenómeno frecuente que puede producirse en cualquier periodo de la vida. Lleva a la persona a preguntarse por el deseo sexual que siente hacia el otro, tratando de comprender por qué la atracción hacia el compañero ha disminuido. Antes de hacerse preguntas metafísicas, hay que preguntarse si esa desgana no tiene que ver quizá con la ingesta de un medicamento. En efecto, ciertos medicamentos tienen como efecto secundario menguar la libido; basta mirar el diccionario médico Vidal para convencerse. Puede tratarse, por ejemplo, de medicamentos para reducir el colesterol o simplemente de ciertas píldoras anticonceptivas que provocan una reducción del deseo y de la excitación sexual. En tal caso, basta cambiar de método anticonceptivo y la libido se dispara como un cohete... En pocas palabras, si estás tomando algún tratamiento, aunque sea anodino, lee bien el prospecto o pregunta al médico para saber si la terapia interfiere con tu vida sexual.

La alimentación

Hoy día se están haciendo muchos estudios sobre la incidencia de ciertos alimentos en la libido. Al margen de las leyendas y de los supuestos efectos mágicos de tal o cual alimento, no comprobados científicamente, reviste especial interés conocer algunas soluciones nuevas y originales.

Los pistaches y la erección

Normalmente, cuando se encuentran propiedades interesantes en un nutriente, hace falta consumir cantidades astronómicas incompatibles con nuestros hábitos alimentarios para empezar a gozar de ellas. El ejemplo del ajo es ilustrativo: ¡habría que engullir un diente de ajo crudo al día para obtener ligeros efectos benéficos para la salud! Aunque sea positivo, el sujeto que sigue esta recomendación se expone a una soledad profunda, ¡a causa sobre todo de su aliento! Con el pistache es diferente: treinta gramos cinco veces por semana corresponden a ciento setenta calorías y dan resultado. El pistache contiene ácidos grasos insaturados, fibras y fitoesteroles, cuya acción hipocolesterolémica es bien conocida. La industria agroalimentaria, en efecto, ofrece hoy margarinas y yogures enriquecidos con fitoesteroles que permiten disminuir objetivamente la tasa de colesterol entre 10 y 15 por ciento. La tasa de fitoesteroles del pistache es de unos doscientos ochenta miligramos por cada porción de cien gramos, lo que lo sitúa a la cabeza de los alimentos ricos en fitoesteroles. El pistache también es rico en antioxidantes, entre ellos la antocianina. Sin embargo, hay que saber que al tostar los pistaches su contenido en este poderoso antioxidante disminuye, y por consiguiente es mejor comerlos crudos. El otro componente antiedad de los pistaches es el resveratrol. Para completar la lista de los nutrientes, contiene cobre, vitaminas B6, B1, K y E, fósforo, hierro, manganeso, magnesio, potasio, zinc y selenio. No obstante, es una lástima que los pistaches que se venden sean normalmente salados. Ya consumimos suficiente sal como para tomar más sin necesidad. Escoge pues pistaches naturales.

El estudio más sorprendente sobre los pistaches no se refiere a la prevención de las enfermedades cardiovasculares, sino a la sexualidad. El profesor Aldemir de Turquía (Aldemir *et al.*, 2011) ha demostrado un efecto benéfico sobre la erección en el hombre, junto con una mejora del perfil lipídico sanguíneo. No observó ningún efecto secundario como consecuencia de ese aporte diario de pistaches durante las tres semanas que duró el experimento.

La granada, siempre la granada...

No cesan de aparecer estudios que demuestran lo beneficiosa que es la granada para la salud. En 2012 un estudio realizado en Edimburgo demostró que el consumo de un vaso de jugo de granada al día durante dos semanas por parte de sesenta voluntarios hombres y mujeres daba resultados realmente interesantes. La dosis de testosterona en la saliva aumentaba en 24 por ciento en promedio tanto en hombres como en mujeres. El estudio también mostró una ligera disminución de la tensión arterial y mejoría del carácter.

Unos consejos sencillos que funcionan

Es evidente que el sedentarismo, la carencia de ejercicio físico, el tabaco, el exceso de alcohol y la falta de sueño son factores que disminuyen claramente la libido, tanto en el hombre como en la mujer. También hay que señalar que las capacidades sexuales pueden verse negativa o positivamente influidas por ciertas drogas o ciertos alimentos. Por ejemplo, pequeñas cantidades de alcohol, como una copa de vino o de champán, tienen una acción desinhibidora que facilita las relaciones sexuales, en tanto que varias copas provocan el efecto contrario con una sexualidad a medias. Las drogas como la cocaína o el cannabis también reducen las necesidades sexuales. Estudios en ratas han demostrado que pequeñas cantidades de cafeína optimizan las relaciones sexuales. Tal vez tenemos aquí un nuevo filtro amoroso para evitar que él o ella se duerman demasiado pronto y se olviden de su cónyuge...

La duración ideal de la relación sexual: un estudio revolucionario

El sexo tiene un poder enorme pero, como dijimos en la introducción, también es el origen de muchos tópicos que pueden perturbar la plenitud de una sexualidad armónica. La duración ideal de la relación sexual forma parte de los temas sensibles que preocupan a numerosas parejas. Algunos hablan libremente entre ellos, otros se callan, pero en todos los casos el tema flota en el ambiente. Con el fin de despejar dudas, científicos canadienses y estadounidenses, los profesores Corty y Guardiani, llevaron a cabo un estudio para averiguar cuál era la duración ideal de una relación sexual. La duración se calculó desde el instante de la penetración en la vagina hasta la eyaculación. Las parejas anotaron las duraciones y los comentarios relativos al placer sexual experimentado. Los resultados sorprendieron mucho a los investigadores. Las relaciones de tres a siete minutos fueron clasificadas como correctas por las parejas. Fueron declaradas como deseables cuando duraban de siete a trece minutos. Y se consideraron demasiado cortas cuando duraban entre uno y dos minutos. Los participantes las juzgaron demasiado largas cuando se prolongaban entre diez minutos y media hora o más.

Los datos de este estudio refutan totalmente los estereotipos transmitidos a propósito de la duración ideal de las relaciones (unos veinte minutos). Así, la relación larga no correspondía a los criterios de placer de los participantes en el estudio, como si lo excesivo fuera enemigo de lo bueno. Estos datos son importantes para el buen equilibrio sexual. De hecho, muchas parejas piensan que están por debajo de la norma. Estas ideas preconcebidas generan frustración, decepción, y hasta episodios depresivos que afectan la autoestima. Creen que lo están haciendo mal, cuando en realidad lo hacen bien. A veces es necesario confrontar los datos con las realidades biológicas y fisiológicas. Eso permite no culpar a algunas personas y gozar más de una relación sexual sin intentar alcanzar niveles imposibles. Ésta es también una de las claves de la alegría de vivir y de la felicidad.

El enamoramiento está siendo estudiado en la actualidad por equipos científicos de todo el mundo. El escáner y la resonancia magnética permiten hoy, gracias a nuevas técnicas, leer lo que ocurre dentro del cerebro de los enamorados. Los análisis biológicos más finos descifran el poder de sustancias segregadas en el momento de los encuentros o de los actos amorosos.

El resultado es que ahora sabemos que para enamorarse basta la quinta parte de un segundo, y que el proceso moviliza no menos de doce áreas diferentes del cerebro. El estado de enamoramiento provoca una inmensa euforia comparable a la acción de ciertas drogas. El filtro amoroso tiene además otros efectos. Es un mecanismo eficaz contra el dolor, pues unos investigadores de la Universidad de Stanford han demostrado que el hecho de mirar al enamorado reduce el dolor de la misma forma que lo harían los medicamentos, pero sin efectos secundarios y con un riesgo de adicción que no representa peligro alguno.

Cuando la cosa no funciona...

Por desgracia, la sexualidad a veces sobrepasa los límites de la normalidad y se convierte en patológica. He aquí dos ejemplos elocuentes.

Los trastornos de la erección: del priapismo a las fracturas del pene

El priapismo corresponde a un estado de erección prolongado que supera las tres horas, sin ir acompañado de estimulación sexual. Normalmente la erección se produce como si de un sistema hidráulico se tratase. La sangre entra por la arteria cavernosa, que corresponde a una primera cañería. La parte hinchable, que proporciona la rigidez de la erección, corresponde a los cuerpos cavernosos. Las venas dorsales del pene dejan salir o no el flujo sanguíneo. Estos datos anatómicos explican por qué los hombres que presentan unas arterias defectuosas tienen erecciones que adolecen de poca firmeza y falta de estabilidad. Cuando las arterias encargadas de aportar el flujo sanguíneo necesario para una buena erección se obstruyen, el diámetro del vaso se estrecha y la sangre pasa con dificultad. Los grandes responsables de esas placas que frenan el paso son bien conocidos: el tabaco, el sedentarismo, el colesterol, la hipertensión, el exceso de azúcar en sangre y un estrés mal controlado. No es casual que cuando un paciente de más de 40 años refiere trastornos de la erección, el médico sistemáticamente examina sus arterias coronarias para asegurarse de que no presenta riesgos de infarto de miocardio.

Cuando un hombre sufre de priapismo, el médico buscará diferentes causas para explicar este fenómeno. A título de ejemplo, ciertas leucemias, trastornos de la coagulación, algunos medicamentos o drogas pueden provocar esta situación, que es muy dolorosa para el paciente. Los equipos médicos suelen proponer diversos tratamientos para aliviarlo: esfuerzos físicos, relaciones sexuales y eyaculaciones repetidas, refrigeración a nivel del pene o prescripción de medicamentos. En casi la mitad de los casos no se halla ninguna explicación para el priapismo.

En pocos años la sexualidad masculina ha cambiado totalmente gracias a los progresos científicos. Ciertos fenómenos como las fracturas del pene en la actualidad se diagnostican y se tratan. De hecho, el término de «fractura» es un abuso de lenguaje, ya que el pene no tiene ningún hueso central (salvo en algunos mamíferos, como el gato). La rotura de la vaina fibrosa que rodea los cuerpos cavernosos provoca un dolor violento. Este accidente se produce cuando el hombre fuerza demasiado en el momento de la penetración o en ciertas posiciones acrobáticas. El tratamiento incluye según los casos la inmovilización del pene y a veces incluso la cirugía seguida de largos periodos de abstinencia. Podríamos considerarlo un ejemplo del viejo proverbio que dice: «Quien quiera ir lejos que cuide su montura»...

Brioso hasta los cien años

Hoy los progresos de la medicina permiten asegurarle a un hombre, aunque sea mayor, una sexualidad perfecta. La prescripción de testosterona en pomada o con simples parches permite en ciertos casos aumentar el deseo sexual. La cirugía puede desatascar una arteria o corregir una fuga venosa. Hay medicamentos cada vez más activos que permiten obtener erecciones de buena calidad. Los tratamientos de la eyaculación precoz ofrecen por fin la posibilidad de resolver ese inconveniente que padecen algunos hombres. La eyaculación precoz se define por un lapso de tiempo entre la penetración y la eyaculación inferior a un minuto con una imposibilidad de retrasarla. Pese a los esfuerzos de la pareja por desdramatizar la situación, muchos hombres se sienten avergonzados y lo viven como un atentado a su virilidad. Los progresos terapéuticos son ahora una gran ayuda para individuos afectados.

El síndrome femenino de excitación genital persistente

También en las mujeres puede darse el exceso patológico. El síndrome de excitación genital persistente es ahora bien conocido. Las mujeres que lo padecen presentan una excitación sexual permanente con la sensación de orgasmos inminentes. Sienten una hipersensibilidad en las regiones clitoridianas, vaginales, de los labios mayores y a veces de la región perianal. Este síndrome se manifiesta con episodios que pueden durar desde varias horas a varios días, y un orgasmo no permite aliviar a la persona que lo sufre. Hay investigaciones que intentan explicar este síndrome. Un equipo neerlandés acaba de descubrir la relación con los movimientos de impaciencia de las piernas, «las piernas inquietas», que dan una pista para analizar este trastorno. Otros científicos trabajan sobre causas que podrían estar relacionadas con fenómenos hormonales.

Los secretos del *french kiss*

Los franceses son conocidos en el mundo entero por el famoso *french kiss*. Es el largo beso profundo y amoroso, boca contra boca y con la lengua. Este beso es un mensaje sutil para transmitir sentimientos que a veces es difícil expresar simplemente con palabras. Es un intercambio que activa varios sentidos, como gusto, olfato y tacto. Esta práctica, que asombra a muchos anglosajones, es una pequeña joya de nuestro patrimonio cultural.

La bioquímica del beso: la alquimia del bienestar

En la actualidad las investigaciones científicas permiten comprender exactamente los mecanismos que se activan durante el beso. Se han hecho estudios con estudiantes heterosexuales a los que se pedía que se besasen durante quince minutos. Se efectuaban análisis de saliva y de sangre para ver las sustancias hormonales que podían segregarse, y las investigaciones demostraron que había tres etapas:

1. La saliva participa en el aumento del deseo sexual porque contiene testosterona. La testosterona, tanto en el hombre como en la mujer, desencadena un deseo sexual más fuerte. Es la dimensión sexual del beso.

2. En una segunda etapa entra en juego la secreción de dopamina, que se puede calificar de hormona del placer. Es la dimensión romántica del beso.

3. Y finalmente, en una tercera etapa, la secreción de oxitocina, la hormona del apego al otro y del bienestar, proporciona la dimensión «nacimiento de la pareja» después del primer beso.

Los resultados han destacado que el beso también intervenía como un medio inconsciente para evaluar al compañero. En la práctica, alrededor de 60 por ciento de los hombres y las mujeres declararon que después del primer beso habían roto la relación con esa persona.

Un beso funciona como un gatillo que libera unos flujos de hormonas cuyos efectos son excelentes para la salud. Entre ellos está la liberación de pequeñas cantidades de endorfinas. Estas moléculas cuya composición es parecida a la morfina, pero en pequeñas cantidades y sin peligro para la salud, producen una sensación de ligera euforia y de distensión. Para completar este fuego de artificios hormonal hay que añadir la dopamina. La dopamina es un neurotransmisor del placer y de la recompensa que el cerebro libera cuando se produce una experiencia que estima beneficiosa. Es interesante señalar que la dopamina también interviene en los diferentes procesos de adicción, como la droga. Prefiero la adicción al beso, que es natural... Basta un beso apasionado de un mínimo de veinte segundos para desencadenar este cataclismo hormonal. Algunos científicos, como los profesores Gallup o Fischer, han emitido además la hipótesis de que la saliva masculina podría contener ínfimas cantidades de testosterona que, transmitidas a la mujer, estimularían su libido.

El beso y los masajes: un antiestrés eficaz

Mediante este coctel de hormonas, el beso actúa como un formidable antiestrés natural. Hay que saber que la saliva contiene también feromonas, mayoritariamente la de los hombres. Hay estudios científicos que han demostrado que estas feromonas modifican el estado emocional de la mujer cuando recibe la saliva de su compañero. Al estudiar los cambios hormonales de los hombres y las mujeres tras un beso prolongado, se ha observado una disminución del cortisol, que se podría calificar de marcador biológico del estrés. En la práctica, el beso actúa como un antiestrés poderoso que no representa peligro alguno, al contrario que ciertos medicamentos. Puede producirse habituación por el placer que genera, pero no hay ninguna contraindicación ni efecto secundario. Lo cual hace suponer que los franceses, que son los mayores consumidores mundiales de ansiolíticos, ¡no se besan lo suficiente!

Los masajes también ofrecen un efecto antiestrés muy poderoso. Cabe mencionar a este respecto los trabajos de la profesora Ditzen (Ditzen *et al.*, 2007), de Zurich, que ha estudiado dos métodos de apoyo psicológico diferentes. Reunió a parejas en las cuales la mujer estaba encargada de pronunciar un discurso en público, lo cual genera estrés. En el primer grupo, el marido debía tranquilizarla con palabras dulces y reconfortantes y, en el segundo grupo, hacerle un masaje de diez minutos en el cuello y en los hombros. Los análisis mostraron que sólo el grupo de las mujeres que habían recibido el masaje gozaban del efecto antiestrés con una reducción del cortisol en su saliva y una frecuencia cardiaca más lenta.

Separarse durante una semana no es bueno para la salud

Los trabajos de un equipo estadounidense han estudiado el impacto de una separación de entre cuatro y siete días sobre la salud de una pareja. Se ha observado que un número significativo de parejas presentaban factores de estrés, entre ellos mala calidad del sueño, lo cual se traducía biológicamente por un aumento del cortisol. La frecuencia cardiaca también se veía aumentada. Se observó que el hecho de que un miembro de la pareja tuviera muchos contactos amistosos o profesionales externos disminuía ese estrés. En cambio, la presencia de los hijos en el domicilio no actuaba como factor de reducción del estrés.

Aumentar el poder de seducción

El poder de la mirada: los cuatro minutos fatídicos

Oscar Wilde tenía razón al decir que «la belleza está en los ojos del que mira». Un estudio científico realizado en Estados Unidos acaba de demostrar el poder increíble que puede ejercer la intensidad de una simple mirada. El profesor Aron ha constatado que el hecho de mirar fija e intensamente al compañero produce un impacto decisivo en el desencadenamiento de los sentimientos de este último. Para realizar estos trabajos científicos reunió a hombres y mujeres que no se conocían. Luego formó parejas, escogiendo a sus miembros al azar. Durante la primera media hora pidió a cada pareja recién constituida que hablase de su vida cotidiana, intercambiando toda clase de detalles, incluso íntimos. Al cabo de treinta minutos, impuso a las parejas que no dijeran ni una palabra más y se mirasen a los ojos en un silencio completo durante cuatro minutos exactamente. La mayoría de los participantes reconoció, después de esa mirada prolongada a los ojos, sentir una profunda atracción por la persona a la que media hora antes no conocía. En la práctica, al cabo de seis meses, dos de las parejas que participaron en el estudio se casaron.

Debo reconocer que esos cuatro minutos me intrigaron, sobre todo cuando descubrí que los hipnotizadores entrenados eran capaces de dormir a las personas en sólo cinco segundos. Busqué explicaciones preguntando a médicos que utilizan la hipnosis en su práctica profesional, técnica que se emplea desde hace muchísimo tiempo. Ya en 1878, en el hospital de la Salpêtrière de París, el profesor Charcot la utilizaba para tratar a pacientes que presentaban manifestaciones de histeria. Los hipnotizadores consideran que existen fuerzas desconocidas en la mirada que permiten sumir al paciente en un estado entre la vigilia y el sueño. Ese estado se caracteriza, por lo demás, por ondas específicas bien visibles en el trazado del electroencefalograma. Ese estado fronterizo entre la vigilia y el sueño es un momento de vulnerabilidad durante el cual los mecanismos de defensa bajan la guardia. Se abre entonces una vía de paso fulgurante hacia el inconsciente.

Desde un punto de vista técnico, los hipnotizadores consideran que aprender a utilizar la capacidad de hipnosis de la mirada es algo que está al alcance de cualquiera. Basta ejercitarse. Insisten especialmente en la capacidad de fijar la mirada, la ausencia de parpadeo y el diámetro de la pupila. En lo que a las pupilas se refiere, existen dos situaciones. Las pupilas dilatadas llevan el nombre de midriasis (a la inversa, para las pupilas que se contraen, hablamos de miosis). La dilatación de las pupilas puede corresponder a un estado fisiológico particular o bien a la toma de ciertos medicamentos o a enfermedades. En la práctica, el consumo de alcohol o de estupefacientes puede provocar esa dilatación, pero también la simple adaptación natural de los ojos al pasar de la luz a la oscuridad. Una emoción intensa como el intercambio de un beso también puede provocar esa midriasis. Volviendo a la vida cotidiana, no dudes en utilizar tu mirada, cuyo poder es muy superior al de las palabras. Al mirar fijamente a tu compañero, con los ojos bien abiertos y sin apartar la vista, obtendrás resultados sorprendentes.

Atrévete a descubrir tu verdadera orientación sexual

Al igual que Hipócrates, que decía sabiamente: «Tales son los ojos, tal es el cuerpo», un equipo famoso de científicos norteamericanos sometió a trescientos veinticinco voluntarios, hombres y mujeres, a mirar cintas eróticas. Empleando lentillas infrarrojas, midieron la dilatación de las pupilas en tiempo real en función de las diferentes escenas de las películas. Constataron que los hombres heterosexuales dilataban las pupilas al ver mujeres y los hombres homosexuales al ver hombres.

En cambio, las mujeres dilataban las pupilas tanto en las escenas en que intervenían hombres como en las protagonizadas por mujeres. Las mujeres lesbianas presentaban respuestas parecidas a las de los hombres heterosexuales.

El interés de este estudio permitió demostrar el deseo real que siente un hombre o una mujer con independencia de las convenciones sociales, las prohibiciones y los tabúes. Algunos hombres o mujeres pueden tener una fuerte inclinación hacia el mismo sexo sin atreverse nunca a expresarla, debido a su educación o a su entorno. Se sienten mal, y pueden llegar a desarrollar estados depresivos o formas de compensación como el exceso de tabaco, de alcohol o de comida. El lema «conócete a ti mismo» es la base de una vida en plenitud para sentirse bien en cada instante. Cuando una persona construye su vida en contradicción con su naturaleza profunda, lo único que hará es mentirse a sí misma y a su entorno. Vivir fingiendo tiñe la vida de gris y provoca una inmensa fatiga para la que uno no halla explicación. Por tanto, hay que rendir homenaje a los voluntarios de ese estudio científico riguroso por el coraje que demostraron atreviéndose a descubrir o a revelar sus tendencias profundas.

El verdadero poder de las lágrimas

Las lágrimas femeninas envían unas señales especiales a los hombres. Para descubrirlas, algunos científicos han estudiado el efecto que producen las lágrimas de las mujeres en los hombres. Han observado que provocan una disminución de la excitación y del deseo sexual. Para realizar ese estudio, los investigadores israelíes hicieron llorar a unas mujeres proyectándoles películas tristes. Los científicos recogieron las lágrimas y luego se las hicieron oler a los hombres. Los sujetos no sabían lo que olían. El experimento demostró que, a raíz de ese contacto con el olor de las lágrimas, los hombres habían sufrido una disminución de la testosterona y del deseo sexual. El examen por resonancia magnética confirmó los datos mostrando un neto descenso de la actividad de las zonas cerebrales correspondientes. Una mujer que llora desencadena la emisión de señales químicas que provocan una baja de la testosterona en el hombre. La testosterona es una hormona que aumenta el deseo de los hombres hacia las mujeres. Unos investigadores británicos han demostrado por su parte que la atracción de los hombres por las caras femeninas está directamente relacionada con el nivel de testosterona. Cuanto más alta esa hormona, más fuerte es el deseo. Las lágrimas femeninas actúan como un extintor del deseo masculino a través de la emisión de señales olfativas. Por ahora, no se conoce el análisis químico de los componentes, y todavía no se han hecho estudios sobre las señales de las lágrimas masculinas. Algunas mujeres deberían reflexionar tal vez antes de llorar para seducir, pues el efecto producido puede ser exactamente el contrario...

Algunos hipnotizadores trabajan las técnicas de persuasión jugando con mecanismos muy especiales. Se esfuerzan en hablar lo menos posible y mantienen una postura distante y misteriosa. Sin abandonar una actitud profundamente tranquila, se muestran casi antipáticos, no respondiendo o respondiendo apenas a las preguntas que les hacen, esperando algunos segundos interminables antes de estrechar la mano que les tienden. El hipnotizador se mantiene lo más retirado posible, inmóvil, mientras empuja a su interlocutor a abrirse y mostrarse al máximo. No habla o habla muy poco, reprime el espíritu crítico, y empuja inconscientemente al otro a actuar cada vez más para hacerse amar por quien ostenta un poder sin dejarse nunca seducir.

Seducir para conquistar algo que parece imposible es empezar a someterse al poder del que te niega una sonrisa y hace como si para él tú no existieras. Es lo contrario de la seducción lo que atrae al otro. Es el ejemplo típico de algunas chicas que no sienten ninguna atracción por los hombres demasiado halagadores y prefieren como novio al *bad boy* rústico y grosero. La seducción aquí se basa en poner de manifiesto una carencia del otro, presumiendo de lo que el otro no tiene para atraerlo más. Esta carencia hace que se tambaleen los cimientos del individuo mostrándole sus límites, lo cual hace aflorar inmediatamente a la superficie todos sus complejos conscientes o inconscientes para explicar el hecho de que no logre seducir. Se siente demasiado bajo o demasiado alto, demasiado gordo o demasiado flaco, demasiado pobre o demasiado rico, demasiado viejo o demasiado joven.

Existen cientos de variantes que constituyen los resortes de neurosis personales. Una vez activados, estos mecanismos empujarán a seducir a toda costa. El que conoce estas técnicas, que yo calificaría de antiseducción, se convierte en un seductor sin igual. Pero eso requiere un gran autodominio y un talento de observador agudo y avispado. Es un procedimiento que funciona a contrapelo de los reflejos naturales de las personas, que consisten en seducir sin proponérselo a base de sonrisas y halagos. Esto obliga a observar un tiempo de espera para hacerse cargo de la situación y sobre todo para concentrarse en la escucha del otro. La escucha es un elemento esencial. Concentrarse en lo que te dicen, sin pensar en lo que vas a responder requiere una altísima concentración. Son muy pocas las personas que realmente saben escuchar, la gente suele hablar por hablar y nadie escucha de verdad lo que dice el otro. El que descubre la escucha atenta de los demás adquiere auténtico poder sobre ellos, como el psicoanalista con su paciente o el cura con el feligrés.

8

Eliminar el estrés y la depre

«Empieza por cambiar en ti lo que quieres cambiar en tu alrededor.»

MAHATMA GANDHI

Todo el mundo sabe que somos grandes aficionados a los ansiolíticos y a los antidepresivos. Parece ser que Francia es el segundo país en consumo de ansiolíticos en Europa* y al menos uno de cada cinco franceses los consume. Esas moléculas, que empezaron a comercializarse masivamente en la década de 1960, han permitido curar a muchos pacientes y han hecho que por fin se tomen en serio patologías que son rea-

* *Fuente:* Affsaps, 2012.

les, como el estrés crónico o la depresión nerviosa. Pero toda moneda tiene dos caras. Protegerse con la química puede resultar nefasto a largo plazo, ya que esos medicamentos tienen numerosos efectos indeseados: adicción, trastornos de la memoria, disminución de la libido, incapacidad para afrontar los acontecimientos de la vida... También aquí existen medios preventivos sencillos y naturales para mantener el estado mental: la gestión natural del estrés, la práctica de la felicidad (¡pues sí, la felicidad se puede aprender!), la meditación...

¡Alto al estrés!

Basta una puesta a punto

Frases que se oyen muy a menudo: «estoy estresado», «mi trabajo me estresa», «mis hijos me estresan»... En suma, el estrés es una expresión que se usa para todo. Hay muchos libros y artículos dedicados a esa «enfermedad de nuestra época», y no voy a repetir aquí lo que sin duda ya leiste muchísimas veces. Sólo quiero recordar ciertos puntos que es importante tener en mente antes de abordar algunas técnicas naturales de curación.

El estrés es una reacción normal del organismo, que le permite reaccionar frente a estímulos agradables o desagradables procedentes del exterior. Bajo el efecto del estrés, tu cuerpo produce adrenalina para empujarte a actuar, y luego diferentes hormonas (endorfinas, cortisol...) para permitirte hacer frente a la situación y tomar decisiones. Por tanto, si no estuvieras sometido a ningún estrés, ¡serías una especie de culebra! Por desgracia, cuando estamos demasiado estimulados (hiperactividad, competición...), demasiado agredidos (contrariedades de la vida, frustraciones, presión en el trabajo...) o simplemente cansados, el organismo ya no tiene ocasión de relajarse entre dos fases de estrés: ya no gestiona los estímulos del exterior y se «reconcome», con todo el cortejo de manifestaciones desagradables que esto conlleva: ansiedad, enfermedades psicosomáticas, molestias, trastornos psicológicos, insomnio, irritabilidad, trastornos de la alimentación... Es entonces cuando hay que actuar, antes de que sea demasiado tarde.

El burn out *o el límite del estrés*

Cuando tu organismo está sometido a fases de estrés repetidas e incontroladas, acaba agotándose y ya no sabe reaccionar. Es la fase última del estrés, que puede resultar desastrosa para la salud. En la actualidad se habla mucho del *burn out* o síndrome de agotamiento profesional. Es un caso típico de estrés prolongado provocado por la actividad laboral. Los agentes estresantes pueden ser de distintos tipos: mal ambiente, presión del superior jerárquico, objetivos inalcanzables, incompatibilidad con la vida privada, tiempo empleado en trayectos demasiado largos, excesiva implicación en el trabajo...

En un primer momento el organismo reacciona como puede ante el estrés. Es duro, pero uno cree poder superarlo y no se escucha demasiado. En un segundo tiempo, como en el motor de un coche, el cuerpo ya no tiene gasolina pero continúa tratando de avanzar con mucho esfuerzo. Y luego llega un día en que se para en seco: uno ya no puede levantarse por la mañana para ir a trabajar, y el sufrimiento es tal que hay que pedir la baja, lo cual engendra culpabilidad, disminución de la autoestima y hasta depresión. Sin duda comprendes que el estrés es algo que hay que tomarse en serio y dosificar muy bien para evitar situaciones como ésta.

Sin recurrir a los medicamentos ni a las pociones mágicas, existen medios de una simplicidad extrema y totalmente gratuitos para reducir el estrés. Porque lo que es seguro es que resulta imposible eliminar el estrés de nuestras vidas y hay que convivir con él.

Los medios físicos

El tacto

Los norteamericanos practican a menudo el abrazo para saludarse cuando están en pareja o entre amigos. El abrazo es un gesto afectuoso que consiste en estrechar al otro entre tus brazos. Produce una intimidad física, pudiendo los brazos anudarse alrededor del cuello o aplicarse con cariño contra la espalda de la otra persona. Expresa, según las circunstancias, amistad o amor, y en todos los casos cariño y familiaridad. Es una forma de intercambio romántico en un mundo moderno, un factor de emoción, de felicidad y de calor humano, una poderosa señal de bienvenida y de disponibilidad.

En India una mujer llamada Amma practicó ese abrazo con más de treinta millones de personas. Dicha mujer, a la que muchos consideran como una divinidad, es conocida por aportar a través del abrazo muchos beneficios a la persona que lo recibe. En esos momentos transmite el *darshan*, que es una poderosa energía espiritual. Yo he observado una ceremonia en la que Amma practicaba este abrazo a centenares de fieles y he tenido el privilegio de ser abrazado por ella. Es una experiencia única que se vive con emoción. Tienes la impresión de una inmensa energía positiva que te rodea, te protege y te calma, una especie de *flashbacks* para regresar a tus fundamentos, a lo que es esencial, para recuperar el camino de tu autenticidad. En aquel preciso momento comprendí lo que había leído en el rostro de los fieles tras ese contacto: una prodigiosa sensación de quietud y de serenidad.

Un equipo de investigadores de Estados Unidos acaba de descifrar por primera vez los beneficios del abrazo tal y como se practica en ese país. Para ello realizaron varios estudios, y todos llegaron a las mismas conclusiones. En sus investigaciones reunieron a cincuenta y nueve mujeres, casadas y solteras, de entre 20 y 49 años que desde hacía seis meses tenían la misma pareja. Luego compararon un grupo que no recibía jamás ningún abrazo con otro que recibía con frecuencia abrazos de su pareja. Descubrieron que esta práctica aumentaba la secreción de oxitocina —la hormona que se puede calificar del apego al otro y del bienestar—, disminuyendo la frecuencia cardiaca y la tensión arterial y reduciendo el estrés.

En el contexto de contactos frecuentes, los masajes también han sido citados a menudo como una fuente de bienestar. Contribuyen a la serenidad y a la relajación, construyendo un universo que calma. Disminuyen el estrés, permitiendo conectar mejor el cuerpo con la mente. Someterse a un masaje indica que uno ha decidido cuidarse. Hasta 2012 no había estudios científicos serios para demostrar de forma objetiva el efecto de los masajes sobre la salud. Los trabajos del profesor Mark Tarn Opolsky, de Canadá, acaban de poner de manifiesto los efectos antiinflamatorios del masaje, con un componente de regeneración y de recuperación a nivel muscular. Los científicos han trabajado con un grupo de deportistas que, tras un esfuerzo significativo, gozaron de un masaje prolongado en una sola pierna. Los investigadores efectuaron luego pequeñas extracciones de músculos antes y después del esfuerzo en las piernas masajeadas y no masajeadas. Los resultados fueron asombrosos. Los análisis revelaron un potente efecto antiinflamatorio en las piernas masajeadas, como si se hubiera inyectado localmente un medicamento antiinflamatorio. También descubrieron un aumento del número de mitocondrias en las células, lo cual indica que el rendimiento de los músculos mejoraba. Las mitocondrias participan en la producción de energía celular. Los investigadores lograron incluso comprender el mecanismo biológico que está en el origen de estos efectos benéficos. En efecto, cuando la mano del masajista ejerce presiones sobre la piel, eso desencadena una serie de reacciones biológicas. Los receptores situados en la superficie de las células lanzan mensajes que activan unas enzimas llamadas quinasas, las cuales a su vez activan unos genes específicos de los que sabemos que intervienen en la lucha contra la inflamación.

El masaje

En Estados Unidos el equipo del profesor Flechter acaba de realizar un experimento insólito. Ha sometido unas células cancerosas de un tumor de mama a una presión de 0.05 bar, es decir, el equivalente de la presión que se siente a cincuenta centímetros bajo el agua, y eso durante treinta minutos. En contra de lo esperado, un tercio de las células cancerosas detuvieron su proliferación y recuperaron una forma normal, que conservaron una vez suprimida la presión. Volvieron a comunicarse entre ellas con normalidad. Esto abre una vía de investigación inesperada del papel de la presión digital sobre el cuerpo humano.

La sonrisa protectora

Aunque sonrías de manera forzada, te sienta bien. Eso demuestran investigaciones recientes. El estudio se ha hecho con ciento setenta voluntarios sometidos a situaciones estresantes. En el grupo que aceptaba sonreír de forma obligatoria, los médicos observaron que los sujetos eran netamente menos sensibles al estrés. Dicha observación se tradujo en una disminución de la frecuencia cardiaca provocada por sonrisas repetidas durante el estrés. El estrés es muy nocivo para la salud. Es la causa de muchas patologías, como las enfermedades cardiovasculares.

Sin embargo, como hemos dicho, es imposible vivir en un entorno sin estrés, y eso sería incluso peligroso, ya que el organismo necesita un mínimo de estrés cotidiano para estimular sus defensas. Disponemos permanentemente de un poder para luchar contra las situaciones estresantes. La sonrisa forzada hace bajar de inmediato el nivel de estrés y le sienta bien a nuestras células. Si el origen del estrés procede de la persona que se encuentra frente a ti, al adoptar sonrisas forzadas repetidas, te relajas y, a la inversa, verás cómo el estrés de tu interlocutor aumenta. Haz la prueba. Si sonríes de forma espontánea y natural, también funciona, pero es menos fácil de controlar. No hay que dudar en sonreír lo más a menudo posible. Sonreír genera ondas positivas a tu alrededor, una impresión de éxito que nos vuelve seductores. Parecemos menos cansados y más jóvenes. Además, el buen humor producido por estas sonrisas es muy contagioso. Trata de pensar en cosas tristes o negativas y sonríe al mismo tiempo y comprenderás entonces el enorme poder protector de la sonrisa.

Aprender a liberarse mentalmente

Acallar nuestro gendarme mental

En mayo de 1968 en los muros de París había por todas partes esta inscripción: «El poli está dentro de ti.» Actualmente aún es cierto, pero de una manera más insidiosa. El agente de policía, el padre o el profesor demasiado autoritario son «dianas» fáciles de detectar, y por tanto de combatir, de ignorar o de evitar. Pero cuando el enemigo se parece a un aliado, a un amigo o a la imagen de lo que hay que pensar para formar parte de un grupo, la partida no es tan sencilla y puede bloquear una vida arruinando sus posibilidades. Muchas personas atesoran en su interior un inmenso potencial que nunca utilizarán, unos sueños infantiles que jamás tendrán traducción en la vida adulta. Es lo que aleja a los seres de lo que realmente son, de sus centros de gravedad, y en definitiva de la felicidad. Muy pronto en la vida se emiten mensajes en esta dirección con mayor o menor intensidad. Por culpa de los «come para que mamá esté contenta» y los «acábate el plato», ¿cuántas personas, una vez adultas, se acaban el plato cuando no les gusta nada o ya no tienen hambre? Inconscientemente tienen la impresión de que serán menos amadas si no aceptan a las reglas. Aprender a no acabarse el plato y escuchar lo que uno siente realmente es un primer paso hacia la felicidad... Es muy difícil liberarse de la mirada inconsciente de una persona que te quiere, pero es el precio que hay que pagar por la libertad. En otros casos, algunos empiezan a beber, a fumar o a drogarse para formar parte de un grupo que les propone una identidad. Pero al mismo tiempo se van destruyendo poco a poco y acortan sus vidas. Puede ser también la elección de un cónyuge que corresponde a un mensaje subliminal de lo que está bien para los padres, los amigos o, lo que es peor, las imágenes de protagonistas de culebrones. Así es como se echan a perder muchas vidas, como se hacen niños desdichados, como se crea una sensación de malestar insuperable. La elección de una profesión puede funcionar de la misma forma: uno elige su oficio en función de su entorno, y no de sus aspiraciones profundas.

¡Aprende a decir no!

He aquí algunas ideas para aprender a liberarse:

- Rechaza una invitación si te sientes demasiado cansado.
- No te pongas ese saco que todo el mundo alaba pero que te incomoda.
- Tras una fiesta, cuando estás rendido de sueño y te proponen una última copa, vete a casa.
- Cuando suena el teléfono y no es el momento, no contestes. Si es urgente, seguro que de un modo u otro te enterarás.
- No aceptes un ascenso si en el fondo sientes que no estás capacitados o no te conviene.

Enfrentarse a la realidad para romper las cadenas

Para ser feliz hay que saber romper las cadenas visibles e invisibles a fin de que la vida sea la que corresponde a quien la vive. Es un camino difícil y a veces requiere ayuda, porque no siempre vemos lo que nos tiene encadenados. En los casos difíciles, el psicoanálisis puede liberar y descubrir quién es uno en realidad. Siento que en Francia el psicoanálisis sigue siendo tabú. Para mucha gente ir al psicoanalista es considerarse loco. Y es un gran error, pues dicha técnica psicológica permite descubrir mecanismos de bloqueo que se instalaron en la infancia como frenos que tienen el motor de la vida paralizado. A menudo hace falta ayuda para detectarlos, pues es difícil desactivarlos solo, es un poco como un cirujano que intentase operarse a sí mismo.

Las defensas

Las defensas psicológicas hacen que este recorrido sea particularmente difícil. Para imaginarte lo que es una defensa, piensa en un punto muy doloroso en un brazo. Si alguien trata de tocarlo, aunque sólo sea rozándolo, lo rechazarás de forma instintiva con violencia. Cuando te enfrentes de nuevo a la misma situación, ya estarás prevenido y reaccionarás más deprisa y con más energía. Los psicoanalistas conocen muy bien estos mecanismos de defensa. Por eso se acercan con prudencia a los puntos sensibles, como se haría para desactivar una bomba, y el análisis dura varios años. Se toman muchísimas precauciones para alcanzar la meta. Ello también explica por qué a veces rechazamos con violencia a los allegados que nos dicen la verdad. Pueden tener razón, pero sin saberlo ponen en marcha un mecanismo de defensa que los neutraliza. Alguien imparcial y alejado del contexto afectivo permite avanzar mejor. Se comprende por qué los colegios de médicos recomiendan a éstos no tratar a sus familiares, a los cirujanos que no los operen y a los psicoanalistas que no los acepten como pacientes. Desactivar una defensa es un trabajo largo y difícil, pero lo que está en juego merece la pena: es devolver la libertad a alguien que la había perdido.

La transferencia

La transferencia es otra dificultad que se produce durante un psicoanálisis. Me refiero a la aparición de sentimientos entre el analista y el analizado. Por ejemplo, el psicoanalista puede, en un momento dado, representar al padre o a la madre. Estas transferencias afectivas pueden despistar y estimular los mecanismos de seducción. Intentar seducir al otro es tratar de mostrarse tal y como uno no es en la realidad. Querer mostrar lo que uno cree que es lo mejor de sí mismo, no es en absoluto mostrarse como uno es. Es dar falsas pistas para confundir al otro pretendiendo seducirlo. El riesgo es que luego uno haga todo lo posible para parecerse a la imagen que ha dado y que se supone debe seducir al otro. Esto es como encerrarse en una cárcel, como repetir el mismo guion de una obra de teatro, como renunciar a lo que uno es realmente. Es la pérdida de autenticidad.

Para liberarse lo que no hay que hacer es entrar en un mecanismo de seducción, sino al contrario, atreverse a aparecer tal como uno es. Éste es sin duda un riesgo del psicoanálisis que, al descubrirle a los individuos cómo son en realidad, los convierte en ajenos a su vida. El peligro de ruptura, ya sea afectiva, social o profesional, es grande cuando una persona decide cortar los lazos invisibles que la tenían bloqueada. Es una opción delicada, sin duda, pero también el precio de la libertad y la felicidad.

Evitar la depre

Igual que el estrés, la «depre» forma parte de nuestro vocabulario cotidiano y la hemos experimentado todos en algún momento de nuestra vida. La depre se caracteriza por un cansancio físico y moral, las cavilaciones y la impresión de ver «el vaso medio vacío». Nos cuesta más levantarnos, las cosas parecen poco o nada interesantes y cualquier actividad se nos hace una montaña. La depre puede aparecer en momentos difíciles de la vida, o bien cuando todo parece apagado y rutinario. También podemos considerar equivocadamente que estamos deprimidos sólo porque no estamos todo el tiempo contentos, y nuestros días o nuestras semanas están hechos de cambios de humor. La depre es distinta de la depresión, que se caracteriza por los mismos síntomas pero más graves (todo sucede lento y el individuo parece no ser ya sensible a nada), y con una duración superior a los quince días consecutivos. Evidentemente hay que consultar a un médico si tú o alguien de la familia se halla en ese estado. La depre, por su parte, no dura y puede combatirse con técnicas naturales.

Cultivar la felicidad

Todos los estudios científicos recientes demuestran que la felicidad es una garantía de longevidad con salud. En efecto, las personas felices presentan telómeros más largos. Los telómeros son unos manguitos en el extremo de nuestros cromosomas que van disminuyendo a medida que envejecemos. Cuanto más cortos son los telómeros, más aparecen enfermedades como los cánceres, el alzhéimer o las afecciones cardiovasculares. Se ha visto que, siendo de la misma edad, los individuos que tienen los telómeros más largos son más felices... La cuestión es saber cómo ser feliz, y se publican cantidades enormes de libros sobre este tema, ofreciendo mil y una recetas para ver la vida de color de rosa. Por ahora, la felicidad no se enseña en las escuelas, lo cual es una lástima. Existe no obstante una excepción: una universidad norteamericana propone actualmente cursos sobre felicidad, y no es una universidad cualquiera, puesto que se trata nada menos que de Harvard, la más prestigiosa. Estos estudios están muy solicitados. Y como ya se sabe que en Estados Unidos los estudios no son gratis, ello demuestra el enorme interés de los estudiantes por esa nueva disciplina. Sí, la felicidad se aprende, y ser feliz no es algo que caiga por su propio peso. Depende más de un estado de ánimo y de una mirada particular sobre la vida que de las circunstancias materiales externas. Algunos son felices con nada y otros, teniendo inmensas fortunas, viviendo en familias equilibradas y cariñosas, presentan un estado depresivo crónico.

Parece que hay una alquimia misteriosa de la que algunos gozan y que les da una fuerza y un bienestar enormes. Los acontecimientos externos no les afectan y disponen de un poder formidable: la capacidad de ser felices en la mayoría de las circunstancias de la vida. Para acceder a ese estado que cambia completamente las cartas que la vida te ha dado, hay que respetar sin embargo determinado recorrido. Propongo aquí algunas herramientas que espero te ayuden a encontrar tu camino hacia una felicidad duradera.

Los equilibrios inestables

Imagina unos hombres y unas mujeres que alcanzan por fin sus sueños. Durante meses y años han concentrado toda su energía para acceder al objetivo que se habían fijado, sin desfallecer un solo momento. Están segurísimos de que cuando lo alcancen lograrán la felicidad absoluta, el nirvana eterno. Cuanto más se acercan a la meta, más aumentan sus deseos. Puede tratarse de un enamorado o una enamorada que intenta conquistar a la persona que ha sido el origen del flechazo, de un diploma difícil de obtener, de una fortuna amasada después de grandes esfuerzos. Volvamos a ver a estas personas unos cinco años más tarde. El deseo creado por la carencia ha desaparecido, el amor exacerbado por la carencia ya no es el mismo. Como los que han ganado en la lotería, ya no saben qué hacer con su vida, qué sentido darle cuando tienen todo lo que se puede desear. Es como una jubilación anticipada, en la que el mundo se reduce día a día. Ésta es la paradoja. Se corre en pos de un ideal y cuando uno lo alcanza, el poderoso motor del deseo se para.

La psicología positiva

Esta corriente de la psicología, nacida en Estados Unidos, ha llegado hace poco a nuestro país y puede acabar con numerosos tópicos. Durante mucho tiempo la psicología se ha dedicado a detectar, descifrar y tratar lo que funcionaba mal en las personas. Se partía, pues, del principio un poco negativo de que la personalidad de un individuo se definía sobre todo por sus traumas y sus neurosis. En la década de 1970, algunos investigadores pensaron, por el contrario, que sería interesante fijarse en los factores que contribuyen al estado de bienestar y al funcionamiento óptimo del individuo. Desde esta perspectiva, la psicología positiva, nacida a finales de los años noventa, se interesa por las fuerzas y los valores que animan al sujeto en todos los sectores de su vida (vida personal, trabajo, familia, espiritualidad...). Mejorando sus fuerzas y sus valores, y especialmente sus puntos fuertes, se contribuye a fortalecer su felicidad.

El motor de la felicidad es justamente el deseo, lo cual complica las cosas. El tiempo de una persona feliz pasa deprisa, muy deprisa. El de una persona que se aburre pasa muy despacio. Bergson definía el tiempo como el surgir ininterrumpido de imprevisibles novedades. Esta definición nos abre una puerta para aprender a ser felices cuando hemos logrado obtener todo lo que queríamos. El movimiento permanente es una de las claves de la felicidad. Esto quiere decir arrostrar peligros, asumir riesgos, redescubrir la carencia para experimentar nuevas sensaciones. Los cambios nos obligan a adaptarnos sin cesar para recrear nuevos equilibrios, nuevas formas de ser feliz. Hay que aprender a proponerse desafíos constantemente, afrontar nuevas dificultades y superarlas para sentirse mejor. La historia no se acaba nunca. El movimiento de la vida está en sincronía con el movimiento de la felicidad. La inmovilidad lo destruye todo, las funciones intelectuales, el potencial muscular, pero también la aptitud para ser feliz.

Parar la película para disfrutar de una escena

Es esencial saber pararse para disfrutar más de la vida. Es lo contrario de un viaje organizado con todo incluido, durante el cual hay que marcar con una cruz todas las atracciones turísticas sin dejar de hacer las fotos en el sitio que te indican para inmortalizar el momento. A la vuelta podrás decir «yo he estado allí y no me ha dejado nada». Creo que, en el fondo, la visualización de una película sobre el país produciría los mismos efectos. La clave es justamente saber pararse el tiempo necesario para entrar en sintonía con un paisaje, una escena en un mercado o la mirada de un niño. Deten la imagen y piensa en cada uno de tus sentidos: oído, olfato, vista, gusto, tacto... ¿Cuáles son las informaciones recogidas, qué sensación especial despiertan en ti? Concéntrate en las sensaciones más agradables y sólo piensa en ellas. Ahí tienes pequeños momentos de felicidad y de eternidad. Lo esencial no es tomar la foto para mostrársela a los demás y guardarla, sino disfrutar del instante, de la fuerza del momento presente. La procrastinación es el hecho de dejar siempre para mañana lo que se podría hacer hoy. Existe también una procrastinación del placer y de la felicidad. En vuestra vida cotidiana no olvides hacer «pausas» regulares: párate de camino al trabajo, husmea los olores a tu alrededor, detente en la sonrisa de tu hijo o paladea profundamente los sabores de un plato compartido con amigos.

Deja de pensar en los aspectos negativos

Está demostrado que las personas que se pasan la vida recordando viejas historias negativas de las que han sido víctimas o pensando en todo lo negativo de su entorno o de su ambiente profesional acortan su esperanza de vida. Darle vueltas sin parar a todo lo malo va desgastando el organismo día tras día. Por supuesto, no se trata de hacer como el avestruz ante cualquier situación difícil, hay que analizarla para entenderla mejor y buscar las soluciones que permitan mejorar las cosas.

En algunos casos, tras una profunda reflexión, también hay que admitir que no hay ninguna solución para que las cosas mejoren. Pero a partir de aquí tampoco sirve de nada seguir dando vueltas y vueltas a los mismos problemas. Algunas personas tienen tendencia a repetirse interiormente. Así dañan sus neuronas y ponen de nervios a quienes las rodean. ¿Sabes que en una encuesta realizada sobre el bienestar en el trabajo los colegas «quejosos» ocupaban el primer lugar en la lista de las cosas más molestas? Existe una buena solución para romper este círculo vicioso. Se trata de escribir en una hoja de papel lo que pasa, lo que uno piensa, las posiciones que hay que tomar y las que se deben evitar de una vez por todas. Luego guardas esa hoja y la relees cada vez que tengas la tentación de volver a las andadas.

Trabajarse la felicidad interior bruta

El reino de Bután es un pequeño país situado en el sur de Asia. Es un país pobre, que vive principalmente de la agricultura y del turismo. Pero tiene una particularidad: en ese país las autoridades han decidido no hablar de producto interno bruto, sino de felicidad interior bruta. Los indicadores de bienestar no son los bienes materiales y la riqueza de los habitantes, sino lo que de verdad los hace felices. Podemos inspirarnos en la filosofía de ese país a título personal. La finalidad no es pensar en lo que debemos hacer, sino en lo que realmente nos hace felices. Es un esfuerzo difícil que conduce a hacer una segunda lectura de nuestra vida. Tanto a nivel de ocio, de personas con las que compartimos nuestro bien más preciado, nuestro tiempo, como de lo que compramos pensando en darnos placer. Hay que repensarlo todo a la luz de nuestras sensaciones positivas. Se trata de filtrar lo que de verdad nos hace felices y lo que nos deja indiferentes. Piensa en la semana que pasaste y selecciona los que consideras han sido los mejores momentos, los que a fin de cuentas desearíais volver a vivir lo más a menudo posible. Recuerda también distintas vacaciones, los fines de semana, las comidas compartidas con otras personas y mueve el cursor. Te sorprenderá el resultado. La felicidad no siempre se sitúa donde te imaginabas...

Esta operación puede ser útil para las decisiones que debemos tomar en el día a día, para prescindir de las situaciones en las que tan sólo deseamos hacer lo que todo el mundo o copiar las imágenes de gente feliz que proyectan los anuncios. Es una buena escuela para descubrir todo el poder de decir no, para protegerse y no diluirse en cualquier cosa. Para no perder el hilo, te recomiendo que selecciones cada día el mejor momento y pienses intensamente en él para evocarlo tantas veces como sea posible. Concéntrate también en lo que no debiste hacer, las pérdidas de tiempo inútiles, todo lo que no desearíais reproducir en los días y las semanas que vienen.

Aceptar los fracasos

Tal Ben Shahar, que enseña la práctica de la felicidad en Harvard, insiste en un punto importante: el derecho al error y a la imperfección para llegar a la plenitud. Durante sus clases le pide a un estudiante que dibuje un círculo con tiza en la pizarra. El círculo dibujado es perfecto. Le pide que recuerde cómo dibujaba cuando tenía dos años: unos monigotes que trataban de parecerse a círculos. Es a fuerza de fracasar muchas veces intentando dibujar círculos durante la infancia como se llega un día a trazar un círculo perfecto. Es preciso admitir los fracasos repetidos para llegar al éxito y sobre todo no desanimarse. Debemos aceptar con serenidad y sin culpabilidad que las cosas no funcionen la primera vez. Comprender por qué no han funcionado es esencial para progresar. Cuando un niño está sometido a demasiada presión, se siente verdaderamente aniquilado por una falla, y puede entrar en un ciclo de fracasos si pierde la autoestima y sobre todo la confianza en sí mismo. Es fundamental detectar los puntos fuertes de un niño para que le sirvan de apoyo, como en la escalada, dándole ánimos para superar los errores normales ligados al aprendizaje. Uno de los secretos de la felicidad tal vez se oculte entre las líneas de la infancia. No perdamos de vista que mantener durante toda la vida el coraje de equivocarse y aceptar los fracasos es un trampolín para llegar cada vez más lejos. Es esencial adquirir muy pronto buenos hábitos para ser feliz en la vida. El desarrollo de los pensamientos positivos es un impulso importante para la felicidad. Busca lo mejor de cada instante presente sin proyectarte permanentemente hacia el pasado o el porvenir, y evitarás fijarte objetivos imposibles de alcanzar para luego tener remordimientos si no los conseguiste.

¿Qué tienen de más las personas felices?

Más de la mitad de las personas declaran sentirse felices o muy felices. Queda la otra mitad, a la cual me gustaría proporcionar algunos pequeños «trucos» que emplean las personas felices.

- Las circunstancias externas, y entre ellas el éxito material, les afectan poco.
- Son conscientes de que la vida está sembrada de dificultades y las integran en el ciclo de su existencia.
- Están de acuerdo consigo mismas, tanto en su vida profesional como en su vida amorosa, familiar o social.
- Cuidan su cuerpo y su mente como bienes muy preciados.
- No buscan la aprobación permanente en la mirada de los demás.
- Están en contacto permanente con su familia, sus amigos y sus vecinos.
- Practican la benevolencia, la gratitud y se abstienen de juzgar.
- Tienen una vida interior rica: reflexión, espiritualidad, religión...
- Saben lo que quieren y tienen un objetivo de vida bien definido.
- Pero sobre todo viven anclados en el presente, sin

darle vueltas al pasado y sin angustiarse ni fantasear respecto al futuro.

A veces los padres establecen objetivos para sus hijos que corresponden a lo que les hubiera gustado hacer a ellos. No intentan ver al niño o comprenderlo en sus diferencias, sino que piensan sobre todo en sí mismos. El niño es vivido entonces como un vehículo de su éxito narcisista y social, sin tener en cuenta su verdadera naturaleza. No hay nada más terrible que pasarse la vida intentando obtener lo que no nos corresponde y que, además, no está a nuestro alcance. Es en ese caldo de cultivo donde se desarrollan la depresión, la ansiedad y las actitudes compensatorias como el exceso de alcohol, la obesidad, el tabaquismo y la droga. La felicidad deriva de la adecuación entre lo que es realmente una persona y su vida. El objetivo es ser nosotros mismos tratando de hacer el oficio que nos gusta, sea cual sea la mirada de los demás, escoger el cónyuge que nos corresponde y no el que le gustaría a nuestro entorno, a la familia o al círculo social al que pertenecemos. Debemos ser dueños de nuestras decisiones, sin malas influencias o malas razones. Éste es el camino que debemos recorrer para amarnos y amar a los demás, para saber dar y recibir y realizarnos cada día más en nuestra profesión y en nuestras relaciones con el prójimo.

Practicar la meditación

En lo más profundo del ser humano hay medios de autocuración poderosos cuya existencia en general se desconoce. La mente puede actuar de forma espectacular sobre el cuerpo y cambiar la situación. Numerosos estudios científicos han demostrado que los individuos que practican de forma regular la meditación llegan a reducir su tensión arterial, a disminuir su frecuencia cardiaca y el estrés. Otros trabajos evidencian un mejor funcionamiento del sistema inmunitario. A nivel neurológico se ha visto una clara mejora de la concentración intelectual y física en quienes practican la meditación a diario. Algunos resultados merecen destacarse, en especial los trabajos presentados en el congreso internacional de cardiología de Orlando. Los participantes en ese estudio practicaron la meditación trascendental durante cinco años. Esta técnica mental de origen indio se basa en la relajación y el desarrollo de la conciencia, y se practica en general dos veces al día durante veinte minutos. Se ha observado que quienes practicaron la meditación respecto al grupo que no la practicaba presentaban una disminución de 43 por ciento en la tasa de fallecimientos relacionados con las enfermedades cardiovasculares. El estudio se hizo con doscientos un pacientes de 59 años. Cabe señalar que los pacientes que seguían tratamientos médicos los continuaron en ambos grupos. Es difícil dar explicaciones racionales de estos resultados. El estrés disminuye clarísimamente en los sujetos que practican la meditación. Como se sabe que el estrés es un factor significativo de riesgo de las enfermedades cardiovasculares, éste podría ser un principio de explicación.

La práctica de la meditación está al alcance de todo mundo. Basta sentarse en el suelo con las piernas cruzadas mirando fijamente un objeto en silencio. Con los ojos entornados, los brazos reposando sobre los muslos, con el pulgar y el índice formando un círculo armónico y la columna vertebral bien recta. Los sabios comparan esta postura con la de una pila de monedas de oro. En todo caso, es importante no sentirse incómodo, lo cual podría perturbar el buen desarrollo de la sesión de meditación. Si es preciso, no dudes en utilizar un cojín para sentarte o utiliza una silla si tienes dolores vertebrales.

Una vez bien colocado, debes hacer el vacío, no pensar en nada, simplemente en el objeto que miras. Muy pronto aparecen pensamientos automáticos, *flashbacks* del pasado próximo o lejano, sobre lo que habría que hacer en el día, la semana o los meses siguientes. Detectar estos primeros pensamientos parásitos y aprender a suprimirlos es un primer paso. Se puede comparar este ejercicio con un agua que se hubiese mezclado con muchas impurezas en movimiento que la enturbiaran. Basta esperar sin moverse para que las impurezas se posen en el fondo y el agua vuelva a ser clara y transparente. El objeto que miras fijamente puede ser la llama de una vela, por ejemplo. Saber concentrar toda tu energía y toda tu atención, aunque sólo sean cinco minutos, en ese punto luminoso permite sentir algo fuerte y nuevo dentro de nosotros. Imagina un rayo láser proyectándose sobre toda la superficie de una pared. No sucede nada. La misma energía focalizada en un solo punto permite perforar esa pared. Lo que cuenta en la meditación es la perseverancia y la regularidad de esta cita cotidiana con uno mismo. La respiración es esencial. Aprender a respirar con calma, lenta y profundamente, siendo consciente de la propia respiración, permite acceder mejor a los beneficios de la meditación. Existen muchas técnicas y muchas obras sobre el tema. Yo te recomiendo seguir sobre todo tu instinto, saber lo que te sienta bien y, llegado el momento, inventar tu propio método. La meditación es un viaje apasionante, hay que encontrar los medios que mejor correspondan a quien desee descubrir esa vía.

9

Entrenar el cerebro

«Mi segundo órgano preferido es mi cerebro.»

WOODY ALLEN

Nuestro cerebro sólo funciona al 10 o 12 por ciento de sus capacidades. Aporreamos el piano cuando podríamos estar componiendo sinfonías. La potencia del cerebro es inmensa, la cantidad de materia gris, contrariamente a lo que se piensa, no está fijada de antemano y no disminuye con el tiempo. Podemos estimular nuestras capacidades intelectuales y nuestra memoria, como si nos calzáramos unas botas de siete leguas para ir más deprisa y llegar más lejos. Podemos influir en nosotros mismos y en los demás simplemente con el poder del pensamiento y de la concentración, y a veces llegar hasta los confines de mundos misteriosos...

El cerebro contiene cien millones de neuronas y, al tacto, tiene la consistencia de un huevo duro. Entre sus carburantes básicos están el azúcar y el oxígeno. Representa la función más importante del organismo, pero pocas personas piensan en preservarlo, protegerlo y aumentar sus capacidades. Es un punto esencial, ya que el estado del cerebro determina la calidad de la vida. Todo se decide en el cerebro: el placer, el goce, la inteligencia... En tiempos del hombre de las cavernas era la fuerza muscular la que creaba la relación de superioridad y permitía dominar el territorio. Hoy día es la inteligencia. Los ejemplos recientes aportados por los creadores de Facebook, Google y Microsoft demuestran hasta qué punto la inteligencia y la imaginación pueden construir un imperio a partir de la nada. Mejorar las funciones cerebrales es disponer de una mente más viva y más reactiva, de una memoria aumentada y de una capacidad de trabajo más eficaz. El cerebro puede compararse con todos los músculos del cuerpo. Para tener un cuerpo de atleta no basta hacer abdominales todos los días, hay que pensar en trabajar todos los demás músculos: de los brazos, los muslos, las piernas... Con el cerebro ocurre lo mismo. Hay que ejercitar todos los días sus distintas capacidades para que sea más eficiente. Así será capaz, si ocurre una desgracia como la aparición de una enfermedad neurodegenerativa (el alzhéimer, por ejemplo), de retrasar considerablemente el tiempo de aparición de la enfermedad.

Modificar la estructura del cerebro

La reserva cognitiva

Como decía Michel Lejoyeux: «Todo lo que cambia nos excita, nos intriga, nos estimula.» Es cierto que un cerebro bien «trabajado» dispone de un grupo electrógeno de emergencia en caso de avería que permite limitar los daños: es lo que se llama la reserva cognitiva, que es una especie de reserva de las posibilidades cerebrales. Para mejorar la reserva cognitiva y reforzar los circuitos neuronales es preciso ejercitarse todos los días. Por ejemplo, obligarse a comprender un razonamiento científico, cuando no es algo que forme parte de nuestra formación, estimula nuevas zonas del cerebro. Asimismo, efectuar dos acciones al mismo tiempo (telefonear y leer el periódico) pone en marcha nuevos circuitos cerebrales. Atreverse a cocinar un plato complicado cuando apenas se sabe hervir unos espaguetis corresponde al mismo tipo de operación. Al contrario de lo que la gente cree, pueden nacer nuevas neuronas todos los días, y esto a cualquier edad. Esa noción puede sorprender a la gente que cree que nacemos con una reserva de neuronas predeterminada y se va gastando con los años. No es así. El futuro de nuestro cerebro está en nuestras manos. Será lo que hagamos de él. Podemos dejar que decaiga con los años o someterlo a un entrenamiento cotidiano para que sea cada vez más eficiente. Pero para disponer de un disco duro cerebral superpoderoso y rápido es preciso adoptar una verdadera política de salud pública personal. Nuestra reserva cerebral, en efecto, está estrechamente relacionada con nuestra higiene de vida, nuestra reserva cognitiva está ligada a los estímulos externos y nuestra reserva psicoafectiva depende directamente de nuestras relaciones sociales.

Disponer de mejores reservas cerebrales es dotarse de la capacidad de retrasar en gran medida las enfermedades neurodegenerativas al aumentar el número de conexiones sinápticas y optimizar la capacidad de creación de nuevos circuitos neuronales. El cerebro se vuelve más flexible y más resistente a las enfermedades. La formación de esas redes alternativas constituye una especie de dique frente a las patologías que dañan el tejido cerebral. Debemos mejorar nuestro espacio de almacenamiento, nuestro poder de transmisión de informaciones a la vez que estimulamos nuestras capacidades de imaginación pensando en esta frase de Victor Hugo: «La imaginación es la inteligencia en erección.»

Vigilar el estado general

Es evidente que el estado general del organismo tiene un impacto directo sobre el estado del cerebro. El cerebro necesita oxígeno para funcionar bien. Este oxígeno lo aporta la hemoglobina de la sangre vehiculada por las arterias. Si esas arterias se han estrechado a causa de las placas de arterosclerosis que las van obturando poco a poco, el cerebro estará mal irrigado y, lo que es peor, en ciertos casos una arteria obstruida provocará un accidente vascular cerebral con consecuencias devastadoras como una hemiplejia, una pérdida de la visión o del lenguaje. Por tanto, hay que procurar que las arterias no se obstruyan para que el carburante esencial del cerebro llegue bien a las células.

El colesterol debe controlarse de forma periódica, pues cuando es excesivo contribuye a la formación de las placas que se depositan en las arterias (véase capítulo 2). Se logra disminuir con un régimen alimenticio pobre en colesterol o, si esto no basta, con medicamentos que prescribirá el médico de familia. También se puede ayudar con productos industriales alimentarios como yogures o margarinas que contengan fitosteroles, que pueden disminuir de 10 a 15 por ciento el nivel de colesterol en la sangre. Asimismo, debemos vigilar otras grasas de la sangre, como los triglicéridos.

La diabetes también interviene en la formación de esas placas (véase capítulo 2). En efecto, existen importantes vínculos entre la diabetes y la frecuencia de los accidentes vasculares cerebrales. Tanto si es una diabetes que se trata con insulina como si es una diabetes de la madurez que se trata con comprimidos, nunca hay que dejar que aumente en exceso el nivel de azúcar en sangre. El exceso de azúcar actuará como veneno y dañará todos los circuitos vasculares, tanto a nivel del corazón, provocando infartos de miocardio, como en los vasos de las piernas, provocando arteritis, como en los ojos.

Por último, la hipertensión es una auténtica plaga, pues puede estar años sin producir síntomas, como por ejemplo, dolores de cabeza o la impresión de moscas volando delante de los ojos. En ciertos casos, la tensión es normal en reposo y sube de forma excesiva en determinados momentos del día. Existe un medio para salir de dudas. Basta que el médico coloque durante veinticuatro horas una cajita en el cinturón del paciente para registrar la tensión arterial de forma regular. Este procedimiento le permitirá saber si la tensión arterial durante el día se inscribe siempre dentro de los límites de la normalidad. El impacto de la tensión arterial también se nota en los pequeños vasos de los ojos. Estos vasos extremadamente finos son muy sensibles a una tensión arterial demasiado alta. El examen del fondo de ojos practicado por el oftalmólogo permite asegurarse de que esos pequeños vasos no sufren y están íntegros. La hipertensión arterial puede así instalarse insidiosamente con los años y causar daños muy graves en el organismo. El cerebro es uno de los primeros en sufrir las consecuencias. Y ello es tanto más lamentable cuanto que hoy existen todos los medios terapéuticos necesarios para tratar y equilibrar una tensión arterial. Igual que las familias poseen un termómetro para tomar la temperatura, sería útil que dispusieran de un aparato automático para tomar la presión. Es evidente que el descubrimiento de una hipertensión arterial obliga a hacer un chequeo médico completo, por una parte, para descubrir las posibles causas de esa hipertensión y, por otra, para evaluar los daños que haya causado.

El aprendizaje y los pensamientos

Los pensamientos repetidos pueden modificar la estructura del cerebro. Unos científicos pidieron a un primer grupo de individuos que tocaran con la mano derecha y con la mano izquierda en el piano unas notas que se suceden con regularidad partiendo del pulgar hasta el auricular: «do re mi fa sol fa mi re do» durante una sesión prolongada todos los días durante cinco días. Al cabo, constataron por resonancia magnética una modificación de la zona del cerebro correspondiente a la flexión de los dedos, que había aumentado claramente respecto a la resonancia magnética anterior a los ejercicios. A otro grupo de individuos les pidieron que no tocasen el piano, sino que estuvieran presentes junto al pianista en todas las sesiones y se imaginasen mentalmente que realizaban el mismo ejercicio en el piano. La sorpresa fue constatar que los que no tocaban presentaban las mismas modificaciones del cerebro en la resonancia magnética que los que tocaban. A través de la concentración, la imaginación y el pensamiento, los «espectadores» habían llegado a los mismos resultados que los «activos». Con el aprendizaje de gestos, pensamientos y razonamientos específicos, el cerebro puede, día tras día, ganar fuerza y potencia. Asimismo, si todos los días se enseña a alguien a hacer malabarismos, se desarrollarán las zonas del cerebro que corresponden a la aptitud para hacer malabarismos. Y al revés, si la persona deja de hacer malabarismos, las zonas que habían aumentado de tamaño volverán a ser más pequeñas al cabo de unos meses.

Al comparar los cerebros de gemelos que en el momento de nacer son idénticos, se comprueba que al cabo de unos años ya no se parecen, por las experiencias vividas y los aprendizajes en campos distintos. Gracias a los progresos de la imaginería cerebral, el hecho de poder estudiar el cerebro en directo permite comprender hasta qué punto nuestros pensamientos y nuestras acciones modifican hasta la propia estructura de nuestro cerebro. Lo maravilloso es que aunque el cerebro esté contenido en el espacio limitado de la caja craneana, siempre es capaz de ganar espacio plegándose para formar circunvoluciones. Imagina que guardas una sábana en una caja: acabarás haciendo numerosas dobleces por falta de espacio. Esto es exactamente lo que pasa con el cerebro dentro de la caja craneana. Los especialistas han demostrado que si se despliega un cerebro sobre una mesa, representa una superficie de dos metros cuadrados por un grosor de tres milímetros. El cerebro posee verdadera plasticidad, es decir que es capaz de cambiar, de evolucionar permanentemente, de aumentar regiones solicitadas o reducir las que no se usan. Una persona que se da cuenta de que ha experimentado un profundo cambio porque se dedica a un nuevo oficio tiene sensaciones distintas y aprende cosas nuevas, verá en la resonancia magnética que las zonas correspondientes de su cerebro están modificadas. Pero si repetimos sin cesar las mismas acciones, si damos vueltas siempre a los mismos pensamientos, el cerebro funciona a medio gas. El cerebro es perezoso cuando se trata de reproducir actividades repetitivas, como Charlot en *Tiempos modernos*. Es como si se quedase en *stand by*. Hay que aprender a cualquier edad a hacer algo que uno no sabía hacer antes para estimular las zonas dormidas del cerebro que sólo piden que las dejemos existir.

Regenerar el cerebro

Romper la rutina

En lo más profundo de nuestro cerebro existe una pequeña zona secreta llamada el hipocampo, que funciona como un verdadero radar de los hechos nuevos. Cuando aparece una novedad, el hipocampo compara lo que está ocurriendo con las antiguas informaciones que tiene almacenadas. Si esa novedad es real, envía señales a otras zonas del cerebro para que produzcan dopamina, una hormona del placer. Los estudios han demostrado que lo nuevo estimula la memoria.

El cerebro tiene la capacidad de despertarse y activarse cuando deja de estar sometido a la rutina. Los hábitos y la repetición constituyen un veneno destructor para las capacidades intelectuales. La rapidez de pensamiento, la memoria y la inteligencia necesitan cambios, el carburante esencial para seguir siendo fiables, eficientes y no deteriorarse sin remedio con el paso del tiempo. Las enfermedades neurodegenerativas constituyen una verdadera plaga que no cesa de aumentar. ¿Cuántas personas, al envejecer, sufren una alteración de las funciones intelectuales y perciben la anquilosis de su cerebro como una fatalidad? Y es justo en ese momento cuando hacen lo contrario de lo que deberían hacer para conservar la salud: se encierran en circuitos de rutina y de repetición como para protegerse. Y es protegiéndose como se exponen al peligro. La ausencia de pequeños peligros diarios, la excesiva facilidad de las tareas cotidianas, la ausencia de imprevistos y de nuevos contactos sociales constituyen de hecho los verdaderos riesgos. La sociedad actual suprime cada día los esfuerzos: el ascensor, el coche, la comida cada vez más blanda, todo está concebido para reducir el ejercicio físico, pero también los esfuerzos intelectuales. A la misma edad, la mortalidad de los individuos jubilados es mayor que la de los que están en activo. Las actividades como el golf, el bridge o los crucigramas no bastan para reproducir los efectos beneficiosos para la salud. El cerebro no se deja engañar por lo que se parece a distracciones infantiles disfrazadas de pseudoactividades para séniors.

Se han llevado a cabo numerosos estudios con ratas para comprender mejor el impacto de la rutina o del cambio en el animal. Comparando ratas en jaulas, unas sometidas a cambios frecuentes y las otras sometidas a una rutina pautada como papel de música, los investigadores vieron aparecer enseguida modificaciones. El grupo rutinario presenta respecto al otro una disminución de la libido y del apetito, y se mueve muy poco dentro de la jaula, acurrucándose durante días enteros en un rincón. Otro estudio, también con ratas, realizado por el profesor Bardo, de Estados Unidos, demostró que los cambios realizados como experiencias sorprendentes provocaban en el cerebro de esos roedores los mismos efectos que la cocaína. Estos resultados permiten comprender por qué algunos individuos se muestran más cansados cuando están de vacaciones, y hasta incluso un poco más deprimidos que de costumbre. Estamos de acuerdo con el objetivo de las vacaciones para potenciar el bienestar, el placer y las sensaciones agradables. Pero las vacaciones que consisten en la repetición y la ausencia de cambio disminuyen la producción de hormonas del placer. Las segundas residencias representan en definitiva para muchas personas la ausencia de cambio y de aventuras, y sustituyen una rutina por otra. Los criterios oficiales de bienestar y ocio son por desgracia algo estereotipado.

Hay que atreverse a romper los códigos y a redefinir lo que realmente gusta prescindiendo de la mirada de los otros. Si sientes placer realizando las tareas domésticas, atrévete a pensar y a decir que te gustan, si te encanta frotar y abrillantar el piso, no hables de ello como de un incordio, sino como de un momento de placer. El principio de la felicidad también es atreverse a disfrutar con algo que, para los demás, es detestable. Debemos salirnos de la norma cuando haga falta. Es lo contrario de lo que aprendemos en la escuela, donde siempre hay que amoldarse. El Ministerio de Educación Nacional debería crear cursos para aprender a ser mutante y salirse de los caminos trillados. Éstas podrían ser las claves actuales del éxito. Finalmente, los humanos se parecen a las serpientes: las que no consiguen cambiar de piel cuando llega el momento, mueren poco a poco.

El autocontrol

El circuito de la voluntad

Todos nos enfrentamos al desfase que existe entre lo que prevemos hacer, los objetivos que nos fijamos y la realidad. Con demasiada frecuencia, las buenas resoluciones no se mantienen y nos remiten a una situación de fracaso crónica que perjudica nuestra autoestima. Nos sentimos débiles y nos reprochamos nuestra falta de voluntad. El recurso más habitual es dejar para mañana lo que habíamos previsto hacer hoy y no nos ha salido bien. Pero el día siguiente se presenta en general como el anterior, con los mismos fracasos... y los años pasan y no se hace nada. El mejor ejemplo de esos fracasos por falta crónica de autocontrol son las dietas para adelgazar. Más de la mitad de la población desea perder peso, y sin embargo el fiasco es monumental. El 95 por ciento de las personas que hacen un régimen, sea el que sea, vuelven a engordar al año siguiente. Por otra parte, siempre me ha maravillado el nivel de conocimientos dietéticos de los pacientes que vienen a mi consulta porque quieren adelgazar. Conocen el tema a fondo, saben qué alimentos hay que eliminar y cuáles hay que consumir, y también saben que no existe ningún medicamento que no sea peligroso en el tratamiento de la obesidad. En general, tienen además una sólida experiencia de los métodos ineficaces disponibles en el mercado. Muchas veces me da la impresión de estar delante de expertos en nutrición por los que no puedo hacer nada... o casi nada.

El denominador común de todas esas personas es que no logran resistir a largo plazo, que acaban abandonando su tarea y su falta de voluntad las tiene mortificadas. Creo que si se quieren obtener resultados buenos y duraderos para perder peso, hay que empezar por lo fundamental: el autocontrol. No es una simple palabra, sino una de las claves para transformar las derrotas cotidianas en victorias. De hecho, el autocontrol es algo que se trabaja y se refuerza, al igual que el ejercicio muscular genera un sólido cinturón abdominal. La buena regulación entre los principios de la razón, las tentaciones y el placer depende completamente del cerebro, que desempeña un papel esencial en el control de los impulsos.

El experimento Marshmallow

En la década de 1970 se llevó a cabo un experimento científico con niños de 4 años y sólo ahora tenemos los resultados completos. Se colocaron a niños tomados aisladamente frente a dos platos. Uno contenía una golosina y el otro dos. El científico dijo a los niños que iba a salir de la habitación. Si los niños lograban esperar sin tocar el timbre colocado sobre la mesa para que volviera el experimentador, podrían comerse las golosinas. Si no tenían paciencia suficiente, podrían comer sólo una. Una cámara oculta en la habitación permitió observar el comportamiento de cada uno de los niños. Algunos adoptaron diferentes estrategias para resistir, y otros tragaron sin esperar. Al cabo de cuarenta años, los científicos quisieron saber qué había sido de aquellos niños y compararon los datos con los resultados de la prueba. Resultó que los niños que habían resistido sin tocar el timbre habían tenido trayectorias distintas de los otros. En general, habían obtenido mejores resultados académicos, habían desarrollado una vida profesional más exitosa y tenían un nivel de vida más elevado, eran más felices en su matrimonio y estaban más sanos. Se trata de un modelo educativo interesante que, a través de las estrategias ingeniosas del cerebro, utiliza los resortes de la voluntad para afrontar los obstáculos de la vida y llegar más lejos.

Los descubrimientos científicos han demostrado que la voluntad guarda una estrecha relación con el estado del cerebro. La voluntad y el autocontrol dependen de la energía de la que disponga el cerebro. En la práctica, si uno se agota en tareas difíciles, le queda menos energía para resistir. Lo importante es saber concentrar la energía y no dispersarla.

Usar bien nuestra energía para los aspectos esenciales es crucial para optimizar el autocontrol. Nuestra cantidad de energía cerebral no es infinita, se agota con rapidez y hay que elegir si queremos que nuestros deseos se conviertan en realidad.

Seguro has vivido la siguiente situación: sigues una dieta y te encuentras en una cena en la que el ambiente es especialmente tenso, ya sea por razones profesionales o conflictos personales. Una parte de tu energía se focaliza en resolver esas tensiones. Y como consecuencia queda poca para controlar tu alimentación. Es probable que cedas y te abalances sobre unos platos que quizás tampoco valgan tanto la pena. En ese momento concreto te odiarás por tu falta de voluntad. Y sin embargo, la solución es bien fácil: no hacer caso de los conflictos personales y concentrarse en controlar lo que se come. También es importante recordar que tomar bebidas alcohólicas disminuye los sistemas de defensa y reduce el autocontrol.

Los ejercicios de autocontrol

Reforzar el autocontrol exige ejercicios. He aquí algunas claves para entrenarte cada día como si de una clase de gimnasia se tratara.

— *El principio de la ola:* piensa en una ola muy fuerte que va subiendo, crece y viene a romper al borde de la playa. Compara mentalmente esa ola con algo que deseas, como por ejemplo un pastel que te gustaría devorar o un cigarrillo que tienes ganas de encender. Al cabo de varias olas, tu deseo se apaga de forma natural.

El poder de los gestos sobre el cerebro

Hay actitudes que acaban por condicionar la mente y provocan reflejos de pensamiento. Los gestos del día a día son importantes para entrenar la movilización de nuestra fuerza interior. He aquí algunos ejemplos.

- Como las bailarinas, entrénate para mantenerte bien rectos, y no medio encorvados. Al caminar, imagina que avanzas con una pila de libros en equilibrio sobre la cabeza. El efecto es inmediato: al mantenerte mejor, tendrás la sensación de dominar a las personas y las situaciones, pero también de dominarte mejor a ti mismo.
- Haz la prueba también de utilizar lo máximo posible durante un día tu mano izquierda (si eres diestro) para tomar una taza de café o pulsar el botón del ascensor, por ejemplo. Este cambio estimula circunvoluciones cerebrales habitualmente inactivas que movilizan una energía nueva para optimi-

zar el autocontrol en acciones simples de la vida cotidiana.

- Utiliza el mismo enfoque para agacharte sin doblarte, flexionando las rodillas.

— *Evitar las situaciones de riesgo:* es evidente que para no agotar demasiado deprisa la cantidad de voluntad disponible a nivel cerebral, hay que evitar las situaciones de riesgo, que requerirán demasiada energía. Comprar en una salchichonería justo antes de la hora de comer, por ejemplo, requiere mucho carburante cerebral para resistir la tentación. Después de esa guerra, no quedará suficiente energía para resolver los conflictos siguientes.

— *Vivir el presente y no dejar las cosas para mañana:* para evitar situaciones desagradables en las que lo único que hacemos es lamentarnos, hay que vivir plenamente el momento presente, partiendo del punto clave de que lo que no se haga hoy no se hará nunca. Para incrementar el autocontrol y ensanchar el campo de la propia voluntad es preciso tener medios para ello. Y estos medios no son innatos, sino que hay que trabajarlos. Vivir plenamente en el presente y no entre el pasado y el futuro constituye la primera etapa. Citemos un ejemplo: asumiste hace poco la decisión de perder peso y hete aquí que empiezas el día cediendo ante un *croissant* cuyo olor te ha atraído. Como sabes, hace falta correr siete kilómetros para perder el equivalente en calorías de un cruasán. Sería un error decirte que llegados a este punto la dieta puede esperar a mañana, pues los excesos se irán acumulando de tal manera que cada día será más difícil alcanzar los objetivos que te fijaste. Al contrario, debes rectificar el tiro de inmediato, como un velero que cambia el rumbo buscando los vientos favorables para avanzar.

— *Potenciar la fuerza interior para mejorar el autocontrol:* constituye la energía y el motor esencial para lograr alcanzar los objetivos propuestos. Es un verdadero entrenamiento que hay que esforzarse por seguir todos los días. La falta de autocontrol provoca un deslizamiento progresivo de la personalidad, que al final llega a producir un desfase importante entre lo que la gente es realmente y su vida cotidiana. Cuando esta brecha se ensancha, se abre la puerta a diferentes sistemas de compensación del malestar que eso crea: el exceso de bebidas alcohólicas que conduce al alcoholismo, los diluvios calóricos que llevan a la obesidad, el tabaco o la droga, los antidepresivos, para intentar aguantar en medio de un malestar persistente...

Estimular la memoria

La importancia de la memoria

La eficiencia de nuestra capacidad de memoria es esencial. Aprendemos muy pronto hasta qué punto esta función es primordial. Una excelente memoria permite pasar con éxito las pruebas escolares y los exámenes universitarios. Durante mis estudios de medicina, me di cuenta muy pronto de lo importante que era desarrollar la memoria para sortear las dificultades. Mucho más tarde, la obsesión de las personas mayores es perder la memoria, con el espectro del alzhéimer (véase recuadro) como telón de fondo. Se ha constatado que cuantas más funciones cerebrales tiene un individuo y mejor es su memoria, más protegido está contra el alzhéimer. No se impedirá la aparición de la enfermedad, pero ésta se manifestará mucho más tarde, y esto es fundamental: entre una enfermedad que se declara a los 70 años y otra que aparece a los 85 la historia no es la misma.

El alzhéimer

El alzhéimer es una terrible patología degenerativa que afecta a un promedio de un hombre de cada ocho y a una mujer de cada cuatro. No se trata de una enfermedad ligada al envejecimiento, ya que puede afectar a individuos jóvenes. Lo espantoso es que los enfermos pierden progresivamente la memoria, la identidad y el lenguaje. Ya no reconocen a sus allegados, se convierten en extraños para sí mismos y pierden hasta su razón de ser. Una vez que la enfermedad se ha declarado, no existen medicamentos para detener la destrucción irreversible de las células nerviosas, y los pacientes fallecen después de unos años de auténtico calvario. Hasta la fecha no se ha encontrado la causa de esta patología. En cambio, existen factores de riesgo entre los cuales están el colesterol, la diabetes, la hipertensión arterial, el tabaco y la obesidad. La relación es fácil de comprender, pues unas arterias destinadas a irrigar el cerebro que presenten placas de arterosclerosis hacen más frágil el buen funcionamiento cerebral. Pero junto a estos factores conocidos, existen otros elementos que pueden modificar el panorama. La actividad física e intelectual constituye un formidable valladar para protegerse de la enfermedad. Hay un primer dato muy elocuente: media hora de ejercicio físico al día sin interrupción disminuye en 40 por ciento los riesgos de desarrollar en la vida alzhéimer. Es sencillo y funciona. La otra vertiente de la protección es entrenar cada día el cerebro para que sea cada vez más eficiente. Cuando sabemos que en tres semanas de vacaciones perdemos veinte puntos de cociente intelectual, es fácil imaginarse los riesgos de la jubilación...

Mejorar las funciones

La memoria a corto plazo se estimula cuando, por ejemplo, un amigo te da oralmente su número de teléfono. No tienes con qué apuntarlo, pero es imprescindible que lo memorices. La memoria a corto plazo puede retener unos siete elementos durante veinte segundos. Para mejorar el rendimiento, lo más sencillo es memorizar las cifras por grupos de dos o de tres. Si el número de teléfono es 06 12 53 86 09, es decir diez cifras, es mucho más fácil memorizar: 061 253 860, o sea tres elementos nada más. El 9 se puede recordar aparte, relacionándolo por el sonido con algo nuevo, algo que renueve. Las asociaciones de ideas son otra forma de mejorar el rendimiento mental. Estos pequeños ejercicios repetidos van entrenando la memoria y la hacen más eficiente. También se puede aprender una lengua extranjera para estimular la capacidad de memorización de las neuronas. A veces podemos ayudarnos relacionando bloques con hechos exteriores para anclarlos más sólidamente en la memoria. Por ejemplo, si debemos retener los números 1, 4, 9, 2, es más fácil recordar 1492 y asociarlo con la fecha del descubrimiento de América por Colón.

Existen muchos ejercicios sencillos y prácticos para estimular la memoria. Algunos nos ahorran tiempo, como sabernos de memoria el número del pasaporte o del carnet de identidad, si viajamos mucho. También podemos memorizar nuestro número de seguridad social para rellenar más deprisa los impresos. Cada vez que reactivamos estas cifras, estimulamos la memoria sorprendiendo a algunas personas de nuestro entorno que se ven obligadas a rebuscar entre sus papeles para encontrar el número correcto. Es posible ayudarnos con medios mnemotécnicos sencillos, como recordar el número del código postal, una fecha de aniversario o una dirección. Las asociaciones de ideas son excelentes para activar las meninges. Un pequeño ejercicio útil es repetirnos mentalmente informaciones nuevas, como una palabra desconocida de una lengua extranjera antes de dormirnos, y memorizar al final de cada semana las palabras nuevas que hemos aprendido.

Se ha demostrado científicamente que es bueno comer pescado

«Come pescado, te hace inteligente y es bueno para la memoria.» Los proverbios a veces tienen razón. Se acaba de descubrir precisamente lo acertado de esta frase. Un equipo de investigadores presentó en el prestigioso congreso de Pittsburgh, en Estados Unidos, un estudio científico sorprendente. El profesor Cyrus Raji siguió durante diez años a doscientos sesenta adultos. Los separó en dos grupos. El primero consumía pescado varias veces a la semana y el segundo no comía pescado nunca. El resultado fue que entre los que consumían pescado entre una y cuatro veces por semana se mantuvo durante los diez años la sustancia gris del cerebro en varias áreas cerebrales y sobre todo en una parte clave del cerebro, el hipocampo, que tiene una función esencial para la memoria. Por lo general, la sustancia gris y el hipocampo reducen progresivamente su volumen con los años, pero esto no ocurre en las personas que comen pescado.

Como hoy no disponemos de medicamentos eficaces para mantener y estimular la memoria, este descubrimiento es esencial. En efecto, comparando el volumen de la sustancia gris de los dos grupos de pacientes, los investigadores establecieron que el riesgo de desarrollar ligeros trastornos de la memoria o una enfermedad como alzhéimer en los cinco años siguientes era cinco veces menor.

¡Cuidado, peligro!

Hay algunos pescados, como la anguila, que conviene evitar. La anguila tiene el defecto de concentrar los tóxicos del ambiente (la dioxina, los PCB y el metilmercurio, pero también metales pesados, como el plomo, el cadmio y el mercurio), que no es capaz de eliminar. Cuando se come anguila, los tóxicos de su organismo pasan al nuestro y se alojan preferentemente en órganos ricos en lípidos, como la materia gris del cerebro. Otros pescados, como la carpa, el barbo, aunque un poco menos contaminados por los PCB, también deben consumirse lo menos posible. Estos pescados de río son víctimas de la contaminación y a su vez pueden contaminarnos.

Tras realizar un test de memoria a ambos grupos de pacientes después de esos diez años de seguimiento, los médicos también constataron que los que comían pescado tenían mucha más memoria y que todos sus test cognitivos eran superiores.

El otro descubrimiento sorprendente de ese equipo fue la importancia de la forma de cocción: según la manera como se cocine el pescado, se aprovechan o no sus efectos protectores de la memoria. En efecto, el pescado a la plancha, al vapor, al horno o en papilla tiene efectos positivos para la memoria, mientras que frito pierde su carácter protector. Esto se explica porque el pescado tiene un componente, llamado omega 3, que actúa sobre la memoria. Los omega 3 son ácidos grasos buenos conocidos desde hace tiempo por sus efectos beneficiosos a nivel cardiovascular, como demuestran los japoneses y los esquimales, grandes consumidores de pescado, que presentan una tasa muy baja de infartos de miocardio. Los omega 3 disminuyen la cantidad de algunas grasas malas circulantes en la sangre, como los triglicéridos, y también hacen que la sangre sea más fluida. La novedad es la demostración de su eficacia en el cerebro. La sensibilidad de los omega 3 a la temperatura obliga a una cocción no excesiva del pescado para aprovechar al máximo sus efectos beneficiosos sobre la salud.

En la práctica, los pescados con un contenido bajo de omega 3 son los siguientes: el abadejo, el carbonero, el bacalao, la merluza, el lenguado, la raya, la pescadilla, el rape, la platija y la lenguadina. Los pescados con un contenido mediano de omega 3 son salmonete, anchoa, lubina, lucio, dorada, rodaballo y fletán. Los pescados más ricos en omega 3 son salmón, atún, sardina, caballa y arenque. Todos estos pescados no sólo contienen omega 3, sino que también son ricos en proteínas, minerales como el fósforo y oligoelementos como yodo, zinc, cobre, selenio y flúor, así como en vitaminas A, D y E. Para la salud es bueno consumir los pescados más ricos en omega 3 y también los menos contaminados por los tóxicos.

10

Magnetismo, clarividencia y curaciones misteriosas

«Con su aspecto perfectamente natural,
lo sobrenatural nos rodea.»

JULES SUPERVIELLE

¿Y si dispusiéramos dentro de nosotros de poderes casi de ciencia ficción y de fuerzas que no sospechamos? ¿Mito o realidad? ¿Están esos poderes reservados a una minoría de individuos o podemos aprender todos a desarrollarlos? En la actualidad los formidables progresos científicos nos permiten descubrir límites difíciles de imaginar, que se sitúan en los confines de la normalidad. A menudo en medicina, cuando no se encuentra un diagnóstico para definir los trastornos que presenta un paciente, se dice que es una enfermedad «psicológica». Un cajón de sastre muy práctico para meter todo lo que no se comprende. Por ejemplo, los enfermos que padecen de úlcera gástrica se consideraron durante mucho tiempo enfermos psiquiátricos, hasta el día en que se descubrió que la úlcera era debida a una bacteria que se elimina con un simple tratamiento antibiótico. Muchos fenómenos paranormales se clasifican sistemáticamente como manifestaciones relacionadas con la psique. Pero tal vez exista una dimensión oculta que no aparece a primera vista: la impresión de *déjà vu*, la telepatía, la clarividencia que permite saber lo que va a pasar, y las curaciones espontáneas son sus primeros ejemplos. Si la ciencia examina estos fenómenos, ¿qué descubre realmente?

Estudios científicos inquietantes

Para comprender los fenómenos que algunos califican de paranormales, se han llevado a cabo experimentos científicos y médicos siguiendo metodologías serias.

Las experiencias de déjà vu, una herramienta muy útil para dopar la memoria

Lo que caracteriza las experiencias de *déjà vu* es esa mezcla a la vez de familiaridad, de novedad y de extrañeza, sin que se pueda relacionar lo que está ocurriendo con nada concreto del pasado. Equipos internacionales han explorado ese fenómeno, en particular el profesor Adachi (Adachi *et al.*, 2006), de Japón. Se han descubierto varios elementos. En primer lugar, estas impresiones de *déjà vu* eran más frecuentes en los individuos jóvenes y de un nivel educativo elevado. No se observaron diferencias en función del sexo, el lugar de residencia o el modo de vida. Segunda observación: cuanta más memoria tiene una persona, más probabilidades existen de que viva episodios de *déjà vu*. Estas constataciones sugieren algo paradójico: el sujeto, tras escudriñar los rincones de su memoria, no consigue recordar la razón de ese *déjà vu* y acaba pensando que la memoria le falla. Lo que ocurre es justo lo contrario, puesto que de hecho dispone de funciones mnésicas excelentes. En efecto, hay momentos en que nuestro cerebro se pone a funcionar como una computadora ultrarrápida sin que seamos conscientes de ello. El *flash* que se produce corresponde a situaciones análogas vividas en el pasado, pero que no afloran del todo a la superficie. Tomemos un ejemplo. Llegas a un país donde no has estado nunca. A la vuelta de una esquina decides tomar algo en un café. Pides un vaso de refresco y, en ese preciso momento, tienes la clarísima impresión de haber vivido exactamente la misma escena en el mismo café. Buscas en tus recuerdos pero no aparece nada. Es como una investigación policial. En la mesa de al lado, una mujer lleva un vestido con un estampado de flores de color rosa. En ningún momento te fijas en ella. Y sin embargo, durante tu infancia, tu madre llevaba un vestido con el mismo estampado. Este detalle basta para darle a la escena una impresión de *déjà vu*. Existen otras interpretaciones del *déjà vu.* Para Sigmund Freud, lo *déjà vu* (lo ya visto) es lo ya soñado. Imagina que soñaste una situación y que al despertar la olvidaste. Al cabo de unos años, esta situación se produce pero eres totalmente incapaz de establecer la relación con aquel sueño olvidado.

Investigaciones recientes han permitido descubrir que, al contrario de lo que la gente cree, fijarse no necesariamente ayuda al individuo a ver mejor. En la práctica, los investigadores han demostrado que hay datos visuales que pueden acceder a la conciencia con independencia de la atención que uno ponga en ellos. Esto significa que se puede ver sin ver, y por tanto memorizar elementos visuales sin darse cuenta en ese momento. Esta particularidad permite explicar ciertos fenómenos de *déjà vu*. Nuestra memoria es una estructura en constante evolución.

Cada vez que pensamos en nuestros recuerdos, de forma imperceptible y sin querer los transformamos ligeramente. Así, con los años, aparecen falsos recuerdos. No han existido nunca y sin embargo la persona está convencida de que sí. Hay equipos científicos que han trabajado sobre el impacto de la publicidad, que parece ser una fábrica de falsos recuerdos. Las pruebas han demostrado que los consumidores que habían visto unos anuncios que describían con minuciosidad el placer de saborear un producto azucarado, al cabo de unas semanas estaban convencidos de haber comido ese postre cuando en realidad nunca lo habían probado.

La telepatía pasada por el escáner

La telepatía tiene algo de fascinante en la época de los teléfonos móviles, los SMS y los emails. Poder comunicarse con una persona que está en la otra punta del mundo o ser capaz, concentrándose, de influir en sus pensamientos es algo que da vértigo. Pero ¿existe eso realmente?

Un fenómeno misterioso

Hay muchos experimentos sobre la telepatía que siguen sin tener explicación. Es el caso del estudio dirigido por el profesor Rudolph Peter en Cambridge. Todo partió del encuentro de este científico con una madre cuyo hijo padecía retraso mental. Además de retraso mental, el chico presentaba una visión muy reducida. El oftalmólogo se quedó muy sorprendido al constatar que, contrariamente a lo que se esperaba, las capacidades visuales del chico eran perfectas. Decidió entonces hacer un experimento. Hizo salir a la madre de la habitación donde se hallaba el muchacho. La vista de éste se derrumbó. Volvió a repetir las pruebas y constató todas las veces que el chico sólo podía realizar los test visuales si su madre se encontraba en la misma habitación. Emitió la hipótesis de que podían existir pequeños signos imperceptibles previamente acordados entre la madre y el hijo, sin que los científicos se percataran.

Telepatía y email

En Estados Unidos el profesor Sheldrake (Sheldrake y Smart, 2005) quiso estudiar la posibilidad de comunicación por telepatía en relación con los emails.

Para ello seleccionó a cuatro sujetos para enviar correos electrónicos. Los participantes debían adivinar, un minuto antes del envío del correo, cuál de esas personas iba a enviarles el mensaje. Después de quinientos cincuenta y dos intentos, 43 por ciento acertaron la persona, lo cual está muy por encima de la probabilidad estándar, que habría sido de 25 por ciento. Ha sido imposible hasta la fecha hallar una explicación para este fenómeno. Sería necesario reproducir estos experimentos con muestras más importantes de población para interpretar mejor los datos.

Sin avisar al muchacho, repitieron los test, pero con la presencia de su madre escondida en una habitación contigua. Los test visuales salieron bien.

Fueron más lejos en el experimento. A ocho kilómetros del laboratorio, le mostraron a la madre una serie de tarjetones con cifras o letras. El médico le preguntaba por teléfono al niño cuál era la cifra o la letra. Siendo así que, estadísticamente, habría podido acertar la respuesta en 10 por ciento de los casos, los diferentes intentos con el chico y su madre presentaron la respuesta correcta en 32 por ciento. Esta observación no es algo aislado. Habría que reproducir a mayor escala este tipo de experimentos para comprobar los datos.

A menudo algunas personas notan que alguien les va a telefonear, que van a recibir un SMS o un email; y justamente lo que han presentido se produce. Es interesante señalar que las experiencias de telepatía afectan en general a personas que ya se conocen. La telepatía entre desconocidos es mucho más rara.

¿Una posible explicación?

Tal vez existan algunas briznas de explicación para los fenómenos de telepatía. Piensa en expresiones populares como «no estamos en la misma onda», «de esa persona emana algo que hace que me sienta atraído», «no hay química entre nosotros». Para comprender esas atracciones o esas repulsiones entre las personas se han realizado muchos estudios científicos desde hace décadas. Y han aparecido algunos elementos que permiten analizar mejor lo que ocurre, fuera del contexto social o psicológico. Es cierto que la atracción entre un hombre y una mujer puede corresponder a veces a la expresión de un modelo familiar, social o publicitario que por fin se puede realizar. De forma inconsciente podemos integrar en nuestro subconsciente modelos que corresponden al cónyuge ideal. Pueden adoptar el aspecto del joven galán de una película, del protagonista de una novela, del yerno ideal que sugieren los padres, del primero de la clase o del mal alumno rebelde...

Todos los modelos son posibles en sintonía o en oposición con lo que propone el mundo exterior. Algunos encuentran la paz escogiendo al yerno ideal o a la nuera perfecta, para seguir sintiéndose amados por sus padres. Otros, en cambio, se proyectan en modelos de oposición con la sensación profunda de afirmarse y de existir intensamente rompiendo con los deberes impuestos pero no consentidos. En ambos casos el resultado puede ser el mismo: aparte de la dimensión psicológica de la elección de una pareja, son numerosos los estudios que han explorado otras pistas. Se ha visto que la atracción es fuerte en caso de diferencias genéticas significativas y que el olfato desempeña un papel no desdeñable en el deseo sexual del otro. Los olores intervienen como estímulos sexuales, en particular los olores que emanan de las axilas o el vello púbico, por ejemplo.

El caso es que existen dimensiones inexplicadas en la atracción y la comunicación entre los humanos, pero no sólo eso.

Otros trabajos científicos han versado sobre las transmisiones de pensamientos entre el animal y el ser humano. Por ejemplo, se tiene constancia de numerosos casos de perros que se ponen a aullar sin motivo cuando su amo se halla en peligro fuera del espacio en que ellos se encuentran. También se sabe de casos en que el perro hace todo lo que puede para atraer a los socorristas hacia su amo que está en peligro de muerte.

En el mismo orden de cosas, otros equipos científicos han estudiado el número de veces en que un perro no se separaba de la ventana acechando la vuelta de su amo. Han observado que al pedir al amo que volviera a casa a horas inusuales durante el día, el perro no se movía de la ventana diez minutos antes de que llegara. Se ponía en posición de recibirlo aunque no fuera su hora habitual de regresar a casa. Los investigadores pudieron descubrir estos comportamientos particulares y misteriosos poniendo una cámara dentro de la casa. Al igual que ciertos animales detectan espectros de colores diferentes de nosotros, ¿sería posible que dispusieran de herramientas de comunicación que nosotros hoy no conocemos? Todavía nos queda mucho que aprender de los animales y de su manera de comunicarse sin el lenguaje.

El loro es un telépata de primer orden

El único animal que dispone parcialmente del habla es el loro. Se han hecho trabajos sobre la telepatía con un loro de Nueva York. Dicho loro tiene la particularidad de que gracias a haber sido amaestrado posee un repertorio bastante asombroso de novecientas cincuenta palabras. El test consistió en mostrarle unas imágenes al dueño del loro mientras este último se hallaba en una habitación contigua. Las imágenes correspondían a palabras del repertorio que el loro había adquirido. En 32 por ciento de los casos el loro logró encontrar en su vocabulario la imagen correcta, lo cual estadísticamente es considerable.

A la luz de estos experimentos sobre telepatía se puede, pues, afirmar que esa forma misteriosa de comunicación no siempre funciona y parece dar mejores resultados con unas personas que con otras. Un poco a la manera de una emisora de radio que queremos buscar mientras circulamos por una autopista, que unas veces funciona y otras se corta.

Accionar a distancia un brazo robotizado con el pensamiento

Algunos pacientes víctimas de accidentes cerebrovasculares que no habían recuperado sus capacidades pudieron beneficiarse de tratamientos de nueva generación. Con el pensamiento podían, por ejemplo, coger un termo mediante un brazo mecánico articulado y beber con un popote. Hay implantes neuronales que captan ondas específicas del cerebro. Estas ondas son transformadas en impulsos eléctricos en unos chips implantados y luego son transmitidos a una computadora que acciona el brazo articulado según los pensamientos y las órdenes de la persona. Los implantes cerebrales se colocan durante una intervención quirúrgica en las regiones conocidas por obedecer a las órdenes del pensamiento. Esto constituye un progreso considerable para los pacientes, ya que les permite una relativa autonomía para sencillos gestos de la vida diaria, como beber un vaso de agua sin ayuda externa. Para un enfermo paralizado y privado del habla es un espacio considerable de libertad. Hace veinte años nadie habría creído en la posibilidad de pedir un objeto a través del pensamiento. Estas experiencias no se pueden considerar de telepatía pura, pero son progresos que abren nuevas pistas sobre posibilidades de comunicación del cerebro que aún no conocemos.

El poder del magnetismo

Un poco de historia y de biología...

En 1820 Hans Christian Oersted, científico danés, hizo un experimento que abrió el camino del magnetismo. Puso una brújula al lado de un hilo eléctrico por el que pasaba la corriente. Quitó la corriente y la aguja de la brújula cambió de dirección. Fue sencillo pero demostrativo. Una brújula está compuesta por una aguja magnetizada que gira libremente sobre un pivote para indicar la dirección del norte magnético del globo terráqueo. Este antecesor del GPS permite dirigirse siguiendo los cuatro puntos cardinales. El experimento es apasionante: unas ondas invisibles pueden cambiar la dirección de una aguja metálica. Lo invisible se hace visible, y éste es el principio de la historia...

El magnetismo es un fenómeno físico por el cual entran en acción fuerzas que atraen o repelen un objeto a partir de otro o con cargas eléctricas en movimiento. Los objetos magnetizables pueden interactuar con un campo magnético por una reacción de orientación y de desplazamiento. Cuando se trata de objetos que se pueden mover con imanes, la cosa es fácil. Pero un descubrimiento médico ha venido a revolucionar nuestros conocimientos. Los investigadores han demostrado la presencia en el cerebro humano de partículas magnéticas, cristales de magnetita, que nos hacen receptivos a los campos magnéticos externos. De estos cristales de magnetita precisamente están compuestas las agujas de las brújulas. Por tanto, somos sin saberlo receptores y emisores. Aprender cómo funcionan estos emisores y estos receptores permite descubrir un poder insospechado que poseemos sin tener el manual de instrucciones.

Antiguamente las palomas sirvieron de primer modelo de estudio. Disponen, en efecto, de esas mismas partículas metálicas cerebrales, pero las utilizan para dirigirse por el aire como si de un radar invisible se tratara. Es un sistema de navegación eficaz y robusto que les permite recorrer el planeta de punta a punta bajo todos los meridianos. Cuando se producen las grandes migraciones, utilizan esos campos electromagnéticos terrestres para saber dónde están y encontrar su camino.

En el ser humano los descubrimientos sobre el magnetismo aportan nuevas soluciones para diagnosticar y tratar ciertas enfermedades. Son una fuente de curación gracias a procedimientos no químicos que se toleran muy bien. Los científicos están abriendo nuevas vías que pueden cambiar comportamientos, como transformar a un individuo pacífico en un individuo agresivo o a la inversa. Es fácil comprender los límites de esos nuevos tratamientos, que más vale que no estén al alcance de cualquiera. Prescritos y aplicados por médicos, no presentan riesgos, pero en manos de dictadores, el desarrollo de estas técnicas sería un desastre.

Las aplicaciones terapéuticas del magnetismo

El magnetismo se prescribe en algunos casos de migraña o para el tratamiento de la depresión, por poner dos ejemplos. Volvamos a las creencias populares relativas al magnetismo. En el mundo rural se ha hablado desde siempre del poder extraño y misterioso de algunos curanderos o magnetizadores, y la gente se pasa su dirección en voz baja. Todo el mundo está al corriente de lo que hacen y todos saben que un día podrían recurrir a ellos. No existe ningún estudio serio que demuestre la eficacia de esos tratamientos. Y sin embargo, siempre hay quien cuenta la historia de curaciones milagrosas de las que ha sido actor o testigo. En general se trata de enfermedades para las cuales la medicina tradicional no encontraba cura y no proponía nada que pudiera sanar o aliviar a los pacientes. En mi vida profesional como médico he sido testigo de muchos ejemplos: verrugas, migrañas, dolores reumáticos, asma... La lista sería larga. Debo reconocer en todos esos casos mi perplejidad y mi incomodidad, y lo cierto es que siempre he clasificado estas curaciones dentro del «efecto placebo».

El efecto placebo

El efecto placebo se produce cuando un médico receta a sus pacientes unas píldoras que contienen exclusivamente azúcar, por ejemplo, y les explica que éste es un tratamiento muy eficaz para combatir un síntoma como el dolor o el insomnio. Un tercio de los pacientes considerarán el medicamento eficaz, sobre todo si el médico les ha recordado que no deben tomar más dosis de la prescrita. El principio es tener mucha fe en que un medicamento puede curar. En aproximadamente 30 por ciento de los pacientes la píldora surte efecto, aunque no contenga nada. Esta constatación obliga, por cierto, a la industria farmacéutica a probar siempre un nuevo medicamento en comparación con un placebo, para asegurarse de que la acción beneficiosa no depende sólo del efecto placebo.

La depresión

Una de cada cinco personas sufrirá durante su vida depresión nerviosa. Es una cifra que muestra hasta qué punto este fenómeno social es importante. No se trata de un estado de ánimo pasajero, sino de una enfermedad real que destruye la vida de los que la padecen, pudiendo llevarlos a veces hasta el suicidio. La depresión suele manifestarse bajo distintos aspectos, lo cual hace que el diagnóstico sea delicado. En los casos clásicos, el sujeto siente una tristeza inmensa, una pérdida de motivación, hasta para las cosas más sencillas, y la sensación de pérdida de valor como individuo. En otros casos se traduce por una fatiga excesiva, pérdida de apetito o episodios de bulimia, dificultad para concentrarse o tomar decisiones, disminución de la libido, fuerte irritabilidad o agresividad y una pérdida muy acentuada del placer. Yo le doy una especial importancia a la depresión enmascarada. Nadie se da cuenta de lo que pasa. El propio sujeto no se atreve ni por un momento a pensar que padece una auténtica depresión. El cuerpo lanza llamadas de socorro sin que muchas veces la persona que la padece ni su entorno oigan esos SOS desesperados. Se trata de una enfermedad sorda que se desarrolla sin ruido, causando cada día más estragos.

La depresión puede llevar asociados factores de riesgo. Se ha observado que, en algunos casos, la tasa de serotonina (un neurotransmisor esencial del sistema nervioso central) era más baja. El hipotiroidismo o la menopausia, por las modificaciones hormonales que inducen, pueden contribuir a ese estado depresivo o desencadenarlo. El estrés también es una causa conocida, sobre todo cuando se extiende durante periodos excesivamente largos. La estacionalidad también desempeña un papel. Existen depresiones estacionales que se manifiestan en otoño y en invierno, conocidas con el nombre de SAD *(seasonal affective disorder).* Un remedio muy eficaz es la luminoterapia. Por último, a veces la depresión es fácil de explicar por acontecimientos externos que irrumpen brutalmente, como un divorcio, un fallecimiento o la pérdida del empleo. Entonces la enfermedad aparece como una forma de reacción.

Para tratar la depresión existe hoy en día todo un arsenal terapéutico, pero no siempre logra sanar del todo a la persona que sufre. La psicoterapia o el psicoanálisis ayudan a buscar en lo más profundo del individuo acontecimientos de su pasado que pueden explicar la depresión. Sigmund Freud abrió muchas vías para escudriñar el inconsciente y comprender las raíces de ciertas depresiones. Hay muchos medicamentos para mejorar el humor, pero los resultados no siempre son buenos. El riesgo de dependencia existe y no hay que desdeñarlo.

Hace poco ha aparecido una nueva técnica de tratamiento de la depresión que está dando resultados prometedores, permitiendo curar a pacientes o mejorar claramente su estado, y sin medicamentos, sin riesgos y sin efectos secundarios. Se trata de la estimulación magnética transcraneana. Se coloca a la persona en posición sentada. Los médicos utilizan un imán grande situado encima de la cabeza del paciente que produce un campo magnético durante unos diez minutos. Esta técnica permite activar una zona concreta del cerebro, que se estimulará mediante los rayos electromagnéticos. Esta parte cerebral se conoce por ser activa en la regulación de las emociones, de la alegría y del placer. Esta pequeña zona se sitúa a 1.6 centímetros bajo el cuero cabelludo, al nivel del córtex prefrontal lateral izquierdo. Para localizar bien esta zona, que tiene el tamaño de una moneda, los médicos utilizan una especie de GPS cerebral que permite gran precisión. Cuando la zona está estimulada, se produce una contracción refleja del pulgar derecho, como para decir que todo va bien...

En los animales la estimulación de esta zona ha permitido comprender mejor el efecto beneficioso de esa técnica sobre la depresión. Se produce una liberación de dopamina, conocida por su efecto positivo sobre el deseo y el placer. Este método ya se utiliza en Estados Unidos y está dando resultados positivos en muchos pacientes. Es una nueva vía suave y eficaz para tratar una enfermedad que aún causa demasiados estragos.

La migraña y las enfermedades neurológicas

Las migrañas afectan tres veces más a las mujeres que a los hombres. Son dolores de cabeza que se producen con una frecuencia y un ritmo muy variados según las personas. A menudo, el sujeto siente llegar la crisis por pequeños signos neurológicos anunciadores. También puede ocurrir que la persona, a fuerza de sufrir estas crisis, haya acabado por detectar acontecimientos que la desencadenan, como la toma de ciertos alimentos, por ejemplo café o chocolate, el exceso de estrés, periodos del ciclo menstrual... Las migrañas son dolorosas y no siempre responden a los diferentes tratamientos propuestos. La variedad medicamentosa es muy variada, desde los betabloqueantes al Botox, desde la aspirina al paracetamol, cada uno tratando de encontrar lo que puede aliviar o acortar la crisis.

En este caso la estimulación electromagnética también está dando resultados positivos en una serie de individuos. El carácter no invasivo e indoloro del método constituye una ventaja no desdeñable, sobre todo para las personas que sufren durante toda su vida. En muchos casos, la estimulación magnética permite actuar disminuyendo el umbral de desencadenamiento de las crisis, lo cual tiene el efecto de reducir de forma significativa la frecuencia de las mismas.

La estimulación electromagnética ha sido empleada con éxito en otras patologías. En dolores crónicos neuropáticos rebeldes a todos los tratamientos, esta técnica cuenta con numerosos resultados positivos.

Asimismo, en el mal de Parkinson, enfermedad que se caracteriza por un temblor de reposo y una hipertonía, ha permitido una recuperación parcial de las funciones motrices. En las distonías (como por ejemplo el calambre del escritor), este método también resulta beneficioso. Por ahora estamos al principio de la explotación de esta nueva herramienta terapéutica, pero los primeros resultados son muy prometedores, y en los casos rebeldes a los tratamientos clásicos incitan a reflexionar acerca de ese método que se sale de los caminos más trillados.

Los poderes que no comprendemos

La primera regla para ser un excelente investigador es no tener apriorismos. Es necesario observar y reflexionar sin ideas preconcebidas. Tomemos el ejemplo de las plantas medicinales. Se utilizan desde hace siglos en África, en India y en Asia. Durante siglos, generaciones de hombres y mujeres han sido tratados con esas hierbas sin saber por qué. Desde hace varios años la industria farmacéutica ha empezado a seguirles la pista a estas plantas curativas para descubrir su misterio y demostrar o no su eficacia real. Por ahora, algunas prácticas ancestrales se han revelado útiles para curar determinadas enfermedades. Sin saberlo, nuestros antepasados establecieron instintivamente una relación entre una planta y una enfermedad. En otros casos, los resultados han sido decepcionantes. Pero las investigaciones continúan. Con este mismo espíritu, yo he intentado comprender si había una realidad científica en las prácticas de la parapsicología. Al principio, simplemente traté de saber si esos métodos, algunos de ellos milenarios, tenían alguna legitimidad.

Predecir el futuro: las líneas de la mano

La quiromancia se utiliza en China y en India desde hace cinco mil años. Para los adeptos de esta disciplina, el objetivo es interpretar el trayecto de las líneas de la palma de la mano a fin de establecer lazos con la personalidad y el porvenir de la persona. En quiromancia existen varias líneas: la línea de la vida sería la más importante: indica la vida, y las rupturas se traducen por interrupciones. Los quirománticos dividen la longitud de la línea de la mano en periodos proporcionales para predecir el momento en que se producirán estas rupturas. Empieza entre el pulgar y el índice y termina en el monte de Venus, situado en la base del pulgar. La segunda línea, la del medio, es la línea de la cabeza, que correspondería a las aptitudes mentales. La línea del corazón daría indicaciones sobre la vida amorosa. También hay una línea del destino y de la suerte. ¿Existe una realidad científica en estas prácticas, o son pura charlatanería?

Varios equipos científicos se han propuesto averiguarlo. En Gran Bretaña el profesor Newrick (Newrick *et al.*, 1990) estudió la relación entre la longitud de la línea de la vida y la longevidad real de los individuos. Su método tiene el mérito de ser eficaz: en cien autopsias, comparó la longitud de la línea de la vida con la fecha del fallecimiento de esas personas. Contra todo pronóstico estableció una relación entre ambos datos. El estudio se hizo con sesenta y tres hombres y treinta y siete mujeres de edades comprendidas entre los 27 y los 105 años. Newrick midió exactamente cada longitud de línea cuidando de poner cada vez la mano abierta en la misma posición. Observó que las correlaciones eran mayores con la mano derecha que con la mano izquierda. Es evidente que la muestra de cien personas es un primer paso y sería necesario efectuar estudios con poblaciones más numerosas para comprobar estos primeros datos. En este campo se han realizado otros estudios. Citaré a título de ejemplo un estudio indio reciente (Madan, 2011), en el que participaron trescientos treinta y seis niños de entre 3 y 6 años. Se pudo establecer una relación entre la aparición de caries dentales y la forma de las huellas del tercer dedo de la mano.

Si establecemos una correlación entre la aparición de las arrugas y la duración de la vida, se ha determinado mediante estudios científicos que cuando uno aparenta diez años menos vive diez años más. Para ilustrar estos trabajos, baste pensar en que el tabaco acelera notablemente la aparición de arrugas en la cara, produce una tez grisácea y disminuye de forma significativa la esperanza de vida a causa de la aparición precoz de enfermedades cardiovasculares y cánceres. Sin necesidad de recurrir a las líneas de la mano, existen pues otros medios para predecir la esperanza de vida. Basta observar la velocidad de la marcha de una persona mayor para predecir su esperanza de vida.

La profesora Rachel Cooper (Cooper *et al.*, 2010) buscó otros índices para predecir la esperanza de vida de forma objetiva sin utilizar la bola de cristal. Estableció, en los sujetos de edad avanzada, relaciones claras entre la esperanza de vida y varios parámetros físicos, como la fuerza al estrechar la mano, la velocidad de la marcha y la rapidez en levantarse de una silla. Globalmente, cuanto más deprisa se desplaza el sujeto y más rápido se mueve, mejor mantiene su fuerza muscular y más aumenta su longevidad.

Enséñame las manos

A menudo las manos cuentan la historia de una vida. Desde las manos rudas del trabajador manual hasta las manos finas del pianista, existen multitud de testimonios. Las manos revelan la edad de una persona con mayor fiabilidad que la cara. Si pensamos en ponernos cremas solares protectoras en la cara, deberíamos hacer lo mismo con las manos, que están muy expuestas al sol.

Nuestras uñas tienen la palabra

Determinadas patologías se traslucen en la apariencia de nuestras manos, y en particular de las uñas. He aquí algunos ejemplos:

- El hipocratismo digital es un signo que hay que tomarse muy en serio, pues es una señal notable de enfermedades graves como los cánceres de pulmón. Se traduce por unas uñas que se abomban ligeramente, como el cristal de un reloj de pulsera. La uña se abomba en ambos sentidos, a lo ancho y a lo alto. En su consistencia, la uña es normal, pero presenta una modificación de la forma.
- El color de las uñas también es un indicador importante: si aparecen un poco violáceas, hay que

consultar inmediatamente al médico. Esta coloración llamada cianótica significa que la sangre no está lo bastante oxigenada. Ello puede deberse a varias causas: insuficiencias respiratorias ligadas a enfermedades crónicas del pulmón, cáncer de pulmón o enfermedades cardiovasculares, en las que la bomba cardiaca ya no hace bien su trabajo. Para salir de dudas basta observar también el color de los labios. Si son violáceos, el diagnóstico está hecho. En cambio, las manchas blancas debajo de las uñas no presentan ningún riesgo especial para la salud.

La longitud del índice y el cáncer de próstata

Un estudio británico reciente acaba de descubrir que la longitud del dedo índice es un factor de predictividad del cáncer de próstata. Si un hombre de menos de 60 años tiene el índice más largo que el anular, el riesgo de desarrollar un cáncer de próstata disminuye en 87 por ciento. Si el hombre tiene más de 60 años, el riesgo baja en 33 por ciento. Resulta que la longitud del índice tiene relación con el nivel de las hormonas durante el embarazo. En la práctica, cuanto menos expuestos están los fetos varones a la testosterona, más largo tendrán el índice, aumentando así la protección contra el cáncer de próstata.

La grafología: una forma de diagnosticar enfermedades

La grafología se emplea para comprender las características psicológicas de una persona a partir de su escritura. Algunos departamentos de recursos humanos utilizan dicha técnica para conocer mejor a un individuo antes de contratarlo. La cuestión estriba en saber si, a partir de la letra de una persona, se puede detectar la aparición de ciertas enfermedades y si la grafología es una técnica fiable para determinar la personalidad y la psicología de un individuo. Hay que reconocer que en la actualidad es más fácil recuperar el código genético de una persona con un simple cabello (sabiendo que cada día perdemos al menos cincuenta) que recuperar una muestra de escritura. Además, la llegada de los mensajes de texto y los emails ya no deja traslucir nada íntimo en la forma. Por último, es evidente que a una persona que sufra de mal de Parkinson también le temblará la mano a la hora de escribir.

Con todo, hay un estudio sobre la grafología que se distingue de los demás. Fue realizado en Francia por el profesor Mouly en el hospital Lariboisière (Mouly *et al.*, 2007). Demuestra que la grafología puede servir para detectar a los sujetos que presentan riesgos de suicidio. Los autores de ese estudio seleccionaron a cuarenta individuos que habían efectuado un intento de suicidio y a un grupo de cuarenta personas que no presentaban ningún riesgo psicológico. Las ochenta cartas analizadas mostraron que en el grupo de los «suicidas» existían diferencias características respecto al grupo control. Cabe señalar que el análisis grafológico también se utiliza a nivel jurídico para autentificar un texto oficial, como un testamento, por ejemplo, lo cual demuestra la existencia de criterios serios en la interpretación de una letra.

El sentido de observación

Basta observar la cara y el cuerpo de una persona para hacerse una idea de su estado de salud, antes incluso de mirar sus manos...

¿Tienen más riesgos de padecer un cáncer las personas altas?

Tras estudiar a más de un millón de mujeres en Gran Bretaña se ha observado que la altura puede ser proporcional al riesgo de padecer cualquier tipo de cáncer. Los resultados muestran que cuanto más alta es una mujer, mayor es el riesgo de cáncer. Cuando una mujer mide más de 1.73 metros, su riesgo de desarrollar un cáncer aumenta en 37 por ciento respecto a la que mide menos de 1.50 metros. Por encima de esta altura, el riesgo de cáncer aumenta 16 por ciento cada diez centímetros. Otro estudio ha demostrado que cuanto más alto es un hombre, mayor riesgo tiene de padecer cáncer de testículos. Los investigadores han observado que a partir de 1.80 metros, el riesgo de cáncer de testículos aumenta 13 por ciento cada cinco centímetros.

Distribuir bien la grasa para protegerse mejor

Vale más parecerse a una pera que a una manzana. La distribución de la grasa es un buen indicador del riesgo cardiovascular. Cuando la grasa se sitúa en la cintura y el vientre, los riesgos cardiovasculares son más elevados que cuando el exceso de grasa se sitúa por debajo de la cintura. Un estudio científico ha demostrado incluso que unas nalgas grandes representaban en la mujer un factor de protección cardiovascular. Para hacerse una idea aproximada del propio riesgo, si el perímetro de la cintura supera los ochenta centímetros en la mujer y los noventa y cuatro centímetros en el hombre, hay que consultar al médico. Es importante detectar lo antes posible lo que en medicina se denomina el síndrome metabólico. Para ello hay que reunir los siguientes criterios positivos: perímetro de la cintura superior a los ochenta centímetros en la mujer y a los noventa y cuatro centímetros en el hombre, triglicéridos sanguíneos superiores a 1.50 gramos por litro, una tensión arterial superior a 130/85 milímetros de mercurio (mm Hg), una tasa de colesterol bueno demasiado baja y de colesterol malo demasiado alta y una glucemia superior a un gramo por litro. Una vez establecido el diagnóstico, la puerta para la aparición de las enfermedades cardiovasculares ha quedado abierta de par en par.

Los astros

¿Nos condiciona el mes en que hemos nacido?

Muchos periódicos ofrecen una sección destinada al horóscopo y —seamos sinceros— somos muchos los que la leemos, aunque no creamos en ello. Pero ya sea lunar o solar, ¿hay algo fiable en esas predicciones? Por supuesto, si decides no leer tu propio horóscopo sino el de otro signo, siempre encontrarás algún detalle que te afecta. A veces observarás coincidencias entre las predicciones astrales y acontecimientos que te han ocurrido durante la semana. Para aclarar las cosas, algunos equipos científicos han estudiado los posibles vínculos entre el mes del nacimiento y las características de la vida de una persona. Las bases de datos sanitarios de la población son en la actualidad tan completas que se pueden establecer correlaciones entre la fecha de un cumpleaños y la salud de una persona. Naturalmente se trata de estudios retrospectivos sobre la vida de un individuo. El primer estudio se realizó en Vietnam por parte de un equipo austriaco. Demuestra que las mujeres nacidas en julio y en agosto tienen menos hijos. Las condiciones atmosféricas, así como el tipo de alimentación durante el embarazo, pueden tener una posible influencia sobre los órganos reproductores del feto. Es posible que ciertas carencias desempeñen un papel. A título de ejemplo, se ha demostrado que una carencia de ácido fólico durante el embarazo podía ser la causa de una malformación llamada espina bífida en el feto. Los mismos investigadores estudiaron poblaciones en Rumanía y observaron que la fertilidad de las mujeres nacidas en el mes de junio era superior a la de las que habían nacido en diciembre.

En otro orden de cosas, el equipo del profesor Nilsson (Nilsson *et al.*, 2007), de Suecia, buscó las correlaciones entre el mes del nacimiento de un niño y los riesgos de padecer alergias. Es cierto que las alergias cada vez afectan a más gente (véase capítulo 4). En quince años se han multiplicado por dos. Hoy día una persona de cada tres sufre alguna alergia. Los síntomas van desde la simple rinitis alérgica hasta el asma. Todas las edades están afectadas. El estudio sueco incluyó a doscientos nueve niños de entre 12 y 15 años. Los investigadores constataron que los niños nacidos entre septiembre y febrero presentaban más problemas de alergia, tanto respiratoria ligada al polen como alimentaria. A la inversa, constataron que las sensibilidades al polen, las rinitis y las conjuntivitis alérgicas eran menos frecuentes en los niños nacidos en primavera. Es posible que los niños nacidos en el momento de la exposición al polen estén más protegidos contra el contacto posterior con esos alérgenos. Unos científicos belgas se interesaron por la relación entre la enfermedad de Crohn (inflamación crónica del tracto intestinal) y el mes de nacimiento de las personas. El estudio incluyó a mil veinticinco pacientes. Se constató una correlación significativa entre el mes del nacimiento y la frecuencia de esa enfermedad. Los investigadores observaron un riesgo muy reducido de desarrollar esta enfermedad en las personas nacidas en el mes de junio. ¿Podría ser el sol un protector frente a determinadas enfermedades? Es evidente que la exposición al sol nos hace pensar en la influencia de la vitamina D, que se fabrica en la piel con los rayos solares, y en su papel para prevenir numerosas enfermedades. El profesor Bayes de Gran Bretaña (Bayes *et al.*, 2009) ha investigado las relaciones que pueden existir entre la esclerosis en placas y el mes del nacimiento. Para ello estudió a la población escocesa, que presenta una de las tasas mundiales más elevada de esclerosis en placas. Los investigadores observaron en una muestra muy grande de población que existían relaciones entre el mes del nacimiento y la enfermedad. Los niños de ambos sexos nacidos en abril presentaban 22 por ciento más de esclerosis en placas frente a 16 por ciento menos entre los niños nacidos en otoño. Siempre en Gran Bretaña, otro equipo médico buscó las correspondencias entre el mes del nacimiento y la anorexia mental. Observaron una frecuencia más alta en los niños nacidos entre los meses de marzo y junio y una frecuencia menor en los nacidos entre septiembre y octubre.

¿Existe influencia de la luna?

La luna ha representado desde siempre una verdadera mitología. Desde las enfermedades que se producen según la luna hasta la frecuencia de los nacimientos, desde el temperamento que cambia según la posición del astro hasta los fenómenos inquietantes que ocurren durante la luna llena, todas las especulaciones tienen cabida. La llegada de los primeros hombres a la luna en 1969 no cambió nada en el imaginario que rodea a este satélite. Sin embargo, lo que la historia recordará de este último milenio tal vez sea sólo esta primera conquista espacial. Aquí, una vez más, es interesante recurrir a la ciencia.

El equipo del profesor Ahmad (Ahmad *et al.*, 2008), de Glasgow, observó en siete mil pacientes que ingresaron por accidentes vasculares en el hospital un aumento de la frecuencia de los ingresos durante los periodos de luna llena. No se halló ninguna explicación a esta coincidencia. Asimismo, en España el profesor Román (Román *et al.*, 2008) ha estudiado la influencia de la luna llena en los ingresos hospitalarios por hemorragias de origen digestivo. Y ha constatado que durante la luna llena ingresaba un paciente al día y aproximadamente uno cada dos días en los demás periodos. En Irán otros equipos han destacado la relación entre las crisis de cólico nefrítico y los ciclos lunares. ¿Influyen las modificaciones de los ciclos lunares en ciertas condiciones atmosféricas que tienen consecuencias sobre la salud? ¿O será que el plenilunio aumenta el estrés en los individuos supersticiosos?

La muerte se produce con mayor frecuencia a determinadas horas

En otros campos, las explicaciones científicas permiten comprender por fin ciertas observaciones que, hasta ahora, parecían ligadas al azar. Se ha observado en todos los países que la tasa de fallecimientos, cualquiera que sea su causa salvo los accidentes de tránsito, era más alta en las primeras horas del día. Algunos atribuyen este fenómeno al deseo del moribundo de ver los primeros rayos del sol antes de partir.

La explicación es una proteína que segregamos en función de nuestro reloj biológico. En la práctica se trata de un gen que interviene en nuestro reloj interno y en la contracción de las células cardiacas, haciéndolas más vulnerables al alba y provocando trastornos del ritmo cardiaco en los corazones frágiles. En efecto, según las horas del día, algunos parámetros biológicos varían. Así, el cortisol plasmático está a su nivel más alto a las ocho de la mañana. El cortisol aumenta la cantidad de azúcar en la sangre, la energía y la fuerza muscular. Los ritmos ligados a la hora del día pueden estar desfasados y el fenómeno puede producirse más tarde (a las diez o las once) o más temprano (a las cinco o las seis). Estos desfases entre individuos permiten comprender por qué algunos prefieren la mañana y otros la noche...

La influencia del día del cumpleaños en la fecha de la muerte

El profesor Philips, de California, ha estudiado la influencia de la fecha del cumpleaños sobre la muerte. Empezó con una muestra de población considerable, ya que se trataba de 2.7 millones de personas. Los análisis mostraron que la mortalidad de las mujeres aumentaba de forma significativa en la semana siguiente al cumpleaños. El científico cree que, para aguantar hasta una fecha simbólica importante, las mujeres hacen todo lo posible por prolongar su vida hasta esa ocasión, y una vez pasada esa fecha se relajan. Es lo contrario de lo que se produce en los hombres, entre los cuales la mortalidad aumenta durante la semana que precede al cumpleaños, que seguramente consideran como una fuente de estrés.

Por el momento carecemos de explicaciones racionales para comprender la extensión de todos los fenómenos que se pueden observar. Es evidente que las bases de datos actuales, que recogen los distintos «acontecimientos sanitarios» de una persona, pueden cruzarse fácilmente con los datos de la meteorología, de una fecha de nacimiento o de un ciclo lunar. Quizá estemos a punto de aprender una nueva forma de horóscopo... Y nada detiene a ciertos investigadores. Es el caso de un equipo norteamericano que ha decidido estudiar las lápidas de los cementerios. Se han interesado en particular por las fechas de nacimiento y muerte de las parejas. Y han observado algo sorprendente, y es que los hombres que se habían casado con esposas mucho más jóvenes mostraban una longevidad superior a los hombres casados con mujeres de la misma edad que ellos. Quizá porque estas esposas jóvenes se convierten, cuando llega el momento, en enfermeras solícitas y abnegadas...

El significado del color de la piel

En general, no hablamos de un color concreto y vivo, sería demasiado fácil. Yo diría más bien que se trata de reflejos en la piel. Observar bien las variaciones del color de la piel a la luz del día es importantísimo. Basta disponer de un espejo y de personas de nuestro entorno que puedan confirmar nuestras dudas llegado el caso.

El color amarillo

El amarillo, visible en la piel y a veces en las conjuntivas (para entendernos, la parte que corresponde al blanco del ojo), traduce normalmente un SOS lanzado por el hígado, que no funciona como es debido. Las causas son muchas: las hepatitis víricas, los cánceres de hígado o de las vías biliares, una intoxicación alcohólica, piedras en la vesícula biliar o una enfermedad más benigna, la enfermedad de Gilbert (una patología hereditaria que se traduce por una tasa elevada de bilirrubina en la sangre y no presenta síntomas particulares). En todos los casos, esta observación debe conducir rápidamente a un chequeo biológico y radiológico para encontrar el origen, y si es necesario, iniciar un tratamiento.

El color gris

Es normalmente el color de los fumadores. La sangre está mal oxigenada y la tez se parece al humo del cigarrillo. Aparecen arrugas más profundas y precoces, los pequeños vasos que aportan el oxígeno a la piel presentan un diámetro más pequeño, lo cual explica la mala oxigenación de los tejidos. El tabaco es una calamidad que hace envejecer más deprisa, exponiendo a riesgos más elevados de cáncer y enfermedades cardiovasculares. Aparte del tabaco, una tez gris se puede observar en otras enfermedades, como la enfermedad de Addison, una especie de tuberculosis de las glándulas suprarrenales.

Los colores rojo, blanco y naranja

Aparte de las insolaciones, una tez roja puede estar relacionada con varias enfermedades. La poliglobulia corresponde a un número excesivo de glóbulos rojos en la sangre. Dicho exceso es peligroso, ya que puede provocar accidentes vasculares. La cara también puede adoptar otros colores. Blanco pálido en caso de anemia, que puede ser el signo de un pequeño sangrado oculto provocado por ejemplo por un tumor, o una anemia por falta de hierro o vitamina B12. El color es anaranjado cuando hay exceso de vitamina A...

En conclusión, si las personas que te rodean observan, no a la vuelta de las vacaciones, que tu color de piel no es el habitual, consulta inmediatamente al médico.

Las curaciones espontáneas

Para un médico no es fácil aceptar algo que no es racional. La primera vez que me vi en esa situación era un joven médico residente en el hospital. Habíamos asistido desconcertados a la curación espontánea de una mujer de 50 años afectada de un cáncer de mama con numerosas metástasis. Estaba y se sabía condenada a corto plazo. Como el descubrimiento de su enfermedad había sido concomitante con el diagnóstico de un cáncer en fase terminal, en aquella época se decidió no intentar ningún tratamiento, aparte de los analgésicos. Y en contra de lo esperado la paciente se curó de su enfermedad en pocos meses, sin que nunca se pudiera comprender el origen de aquella curación misteriosa. Más tarde descubrí que no era un caso aislado. Las curaciones espontáneas de cáncer representan uno de cada cien mil cánceres, lo cual es poco, pero no es cero. En oncología, para que un caso se considere una curación espontánea, el diagnóstico debe ser terminante, con confirmación por biopsias, y sobre todo sin tratamientos previos, como quimioterapia, radioterapia, inmunoterapia o cirugía. Estos criterios explican también la poca frecuencia de este diagnóstico, porque es excepcional que un cáncer diagnosticado no reciba ningún tratamiento.

Algunos investigadores se han interesado por los puntos comunes que podían reunir todas esas curaciones espontáneas en oncología. Al fin y al cabo, es una forma de razonamiento plausible. En vez de buscar qué tratamiento podría curar el cáncer, la idea es buscar cómo se han curado espontáneamente del cáncer determinados pacientes. ¿Tienen algo en común? ¿Qué ha pasado en su vida para que, de repente, haya cambiado el curso de un destino funesto? Por ahora no existe ningún «gran» programa de investigación sobre esta temática, y lo lamento. No obstante, algunos médicos han señalado algunos puntos que merecen que se les preste atención. Por ejemplo, algunos cánceres están más representados en esas curaciones espontáneas, como los neuroblastomas y los cánceres infantiles. Parece ser que los niños que se han curado presentan una misma variante genética que podría explicar esa curación. En el adulto se ha observado con mayor frecuencia la curación de cánceres renales y de mama. Parece que el único punto en común detectado entre todos esos pacientes que sanaron espontáneamente de cánceres es el hecho de que la curación se produjo en 90 por ciento de los casos después de una infección vírica. En efecto, las células cancerosas comportan un déficit de la proteína interferón, conocida por proteger a las células de los virus. Estas constataciones van en contra de las relaciones más antiguas identificadas entre virus y cáncer. Citemos, por ejemplo, el virus del papiloma humano y los cánceres de cuello de útero (en la actualidad existe una vacuna que se receta a las jóvenes después de la pubertad), el virus de la hepatitis vírica y el cáncer de hígado, el linfoma de Burkitt y el virus de Epstein-Barr. Esta vez asistimos al fenómeno inverso: ¿un virus tendría la propiedad de cambiar el orden de las cosas y contribuir a la curación del cáncer? Varios equipos han optado por esa línea de investigación. Unos científicos australianos han empezado utilizando el virus del resfriado. Puede parecer muy sorprendente utilizar el resfriado para curar el cáncer, y sin embargo han aparecido algunos elementos. Estos trabajos de investigación empezaron con el caso de un niño ugandés de 8 años afectado por un cáncer (el linfoma de Burkitt), que contrajo después la rubéola (causada por un virus) y se curó del cáncer.

Siempre según la misma idea, otro equipo trabaja sobre las posibles relaciones entre el virus del herpes y el cáncer. En Cincinnati, unos investigadores han tratado a ratones afectados por tumores malignos (neuroblastomas) con una versión atenuada del herpes. El profesor Timoty ha probado dos clases de virus. El adenovirus (a menudo asociado con un resfriado banal) y un virus del herpes atenuado (a menudo asociado con lo que comúnmente se llama una calentura). El virus del herpes demostró ser eficaz en el tratamiento del cáncer. Bastó una sola inyección de ese virus en el ratón para curarlo del tumor. Es evidente que no estamos más que al principio de la comprensión de esos mecanismos para tratar de explicar las curaciones espontáneas en oncología. Aún no tenemos la solución, sino algunas piezas sueltas de un rompecabezas que debemos armar.

Epílogo

Somos poseedores de poderes enormes cuya existencia ni siquiera sospechamos. El cerebro y el cuerpo humano tienen capacidades inauditas que seguramente no emplearemos jamás, ya sea por ignorancia, porque no sabemos cómo detectarlas, desarrollarlas y activarlas. Cuando un hombre o una mujer consiguen hacer algo excepcional, enseguida decimos que tienen un don. Esta interpretación precipitada significa que todo es innato, que algunos nacen con un poder que los otros no tienen y que ni siquiera merece la pena que intentemos superarnos, puesto que carecemos de esa capacidad. Pensar que todo depende de unos dones que sólo algunos privilegiados poseen equivale a construirse la vida con una actitud derrotista. Descubrir las propias capacidades y ponerlas en acción es uno de los recorridos más apasionantes que existen. Hace dos mil años, Jesucristo abrió la vía de esa reflexión con las siguientes palabras: «¿Qué has hecho con tu talento?»

Las capacidades del cerebro y del cuerpo humano abren campos de aplicación en terrenos muy variados. El cerebro es un órgano que, pese a no representar más que 2 o 3 por ciento del peso del cuerpo, consume más de 20 por ciento de la energía diaria. Integra y sintetiza funciones ligadas no sólo a la inteligencia y al razonamiento, sino también a lo afectivo y lo sensorial, todo ello almacenado en una memoria gigantesca. Para imaginar en qué puede convertirse un cerebro hay que pensar en una persona que no haya hecho nunca deporte. Los músculos están flácidos y son poco visibles. Tras un año y a razón de una hora de ejercicio físico al día, empiezan a sobresalir las masas musculares, el cuerpo es más bello, fuerte y musculoso. El equilibrio es mejor, no hay tanto estrés y la salud es excelente. El cerebro también necesita activarse y trabajar para desarrollarse y estar lo más operativo posible. El dominio de las capacidades cerebrales es un tema esencial que condicionará el éxito afectivo, profesional y social, y sobre todo la felicidad.

La gran cuestión que se plantea es en qué dirección hay que desarrollar las propias capacidades físicas, sensoriales e intelectuales. El campo de aplicación es tan vasto que uno corre el riesgo de perderse y pasarse la vida mariposeando sin realizarse. Espero que esta obra haya contribuido a darte algunas pistas para mejorar tu bienestar. A modo de resumen, diría que hay dos vertientes fundamentales para gozar de buena salud.

La primera, que yo califico de esencial, nos afecta a todos, porque está ligada al bienestar y a la salud. Es imprescindible mantener el cuerpo y la mente en excelente estado de funcionamiento si queremos seguir avanzando. El viejo adagio «quien quiera ir lejos que cuide su montura» es hoy más actual que nunca. Entre los principios fundamentales, citemos la calidad y la cantidad de los aportes alimenticios y la actividad física cotidiana. La nutrición es el combustible indispensable para vivir, y su calidad está en estrecha relación con nuestra salud. Como ya dije en el prefacio, 30 por ciento menos de calorías equivale a 20 por ciento más de vida. Una mala alimentación no necesariamente mata, pero al cabo de los años provoca enfermedades, arruinando así la calidad de vida.

También lo habrás comprendido leyendo este libro: la actividad física es la clave de una buena salud. Treinta minutos de ejercicio físico al día disminuyen en 38 por ciento los riesgos de mortalidad por enfermedades cardiovasculares, cáncer y alzhéimer. Esta cifra por sí sola permite comprender hasta qué punto dicha práctica representa lo que yo llamo un derecho de vivir y una obligación de estar sano. Es como lavarse los dientes todos los días después de cada comida, lo cual no es demasiado apasionante. Sin embargo, la falta de cepillado tarde o temprano desemboca en la pérdida de los dientes, que se van soltando. Mantener los dientes y cuidar el cuerpo es aprender a amarlo y a reforzar una buena imagen para uno mismo y para los demás.

La otra vertiente se refiere a nuestras particularidades como individuos. Somos diferentes unos de otros, lo cual hace que nuestras opciones en la vida también lo sean. Te aconsejo periódicamente reflexionar y preguntarte cómo sería tu vida si tuvieras el poder de realizar lo que quisieras. Una vida de adulto exitosa es a menudo un sueño de niño realizado. Pero para eso hay que recordar los sueños de la infancia, aprender a buscar en la memoria, en las sensaciones, atreverse a decírselo a uno mismo todo, incluso lo que parece totalmente prohibido por la educación o por el medio social. La solución no siempre es fácil de encontrar, pero buscarla es el principio del camino hacia la propia libertad. Teniendo en cuenta la dificultad para cuestionarse uno mismo, existe la tentación de dejar las cosas para mañana, para pasado mañana, para nunca. Muchos adultos funcionan durante toda su vida teniendo en mente el tiempo inmenso de la infancia, el tiempo en que siempre habrá tiempo, aplazando hasta el infinito lo que debe hacer. Hay que tener cuidado, pues esa estrategia conduce al fracaso.

Este libro es un primer paso para abrir el conjunto de posibilidades de que dispones a fin de desarrollar los poderes extraordinarios de tu cerebro y tu cuerpo. Para prevenir, curar, vivir con más intensidad, multiplicar tu bienestar y sencillamente aprender a ser felices.

La medicina china recomienda a los enfermos que consulten con los grandes médicos si están enfermos, pero también recomienda visitar periódicamente a un gran maestro para mantenerse sano. En realidad, el gran maestro es el propio individuo. El maestro interior que se encuentra en cada uno de nosotros es el generador de una armonía perfecta. Esta operación es esencial para la plenitud y el bienestar físico y mental, porque disponemos de poderes excepcionales que no aprovechamos, o aprovechamos poco. Existen preciosos yacimientos en lo más profundo del individuo, recursos poderosos que desean expresarse y podrían multiplicar nuestra energía tanto física como intelectual haciéndonos superar límites hasta ahora inalcanzables. Tenemos todo el potencial para autorrepararnos y protegernos de las agresiones externas, pero también para rejuvenecernos y pasar a una velocidad superior. Basta activar ciertas palancas para disponer de un sistema antiedad eficaz, para liberar el poder que existe en nosotros y hasta para vivir varias vidas en una sola vida. Los inmensos progresos médicos que veremos en los próximos años parten todos del mismo principio: aprender a tratarse uno mismo. Son nuestras propias células las que se convertirán en nuestros medicamentos para prevenir las enfermedades, curar lo que hoy es incurable, regenerar nuestro cuerpo y desafiar al tiempo.

Existen animales que disponen de poderes excepcionales. Como nosotros, son organismos vivos con células que, cada día, perpetúan el milagro de la vida. Estos seres vivos no son de acero, sino que, como los humanos, están compuestos de tejidos frágiles. Y sin embargo...

Imagina vivir cuatrocientos años. Es algo normal para una pequeña criatura llamada *Artica islandica*. Un equipo de científicos acaba de descubrirla frente a las costas islandesas. Se parece a una gran almeja. El número de estrías en la concha permite datar con precisión su edad. Cada año aparece una nueva estría, como en los troncos de los árboles. En la más antigua de esa especie de almeja se han contado cuatrocientas diez estrías. Tal vez habría podido vivir más tiempo aún, pero el hecho de haberla extraído de las profundidades marinas le provocó la muerte. Si hacemos el cálculo, ese molusco nació en 1610, bajo el reinado de Luis XIII, en una época en la que los fondos marinos estaban menos contaminados que hoy y albergaban una flora y una fauna distintas. Es una suerte disponer de este tipo de ser vivo, pues constituye un verdadero indicador de la vida submarina desde hace varios siglos.

La longevidad de *Artica islandica* es un enigma. ¿Cómo pueden unas células vivas funcionar durante tanto tiempo sin presentar signos de deterioro biológico? Todos los seres vivos están compuestos de células que poseen numerosas características comunes. Disponen de un patrimonio genético situado en el núcleo, de membranas para protegerlas y permitir los intercambios, y de unos mecanismos para producir energía y eliminar desechos. Se trata de verdaderas fábricas en miniatura que funcionan todo el año, veinticuatro horas al día, sin interrupción. ¿Cuál es en la actualidad el tiempo de vida de un coche? Y sin embargo está hecho de acero y no de tejidos biológicos frágiles. ¿Cuántos son capaces de circular todos los días siquiera durante cincuenta años? Estudiando las células de ese pequeño animal que vive varios siglos, disponemos de un modelo para comprender cómo unas células vivas pueden resistir el paso del tiempo y mantener la salud.

Un equipo de investigadores del Hospital Universitario de Brest ha utilizado estas células cardiacas de la almeja como modelo para estudiar el impacto de las toxinas marinas. Resultan ser un buen indicador para comprender numerosos fenómenos biológicos. El primer punto es estudiar la composición de la almeja. Ello es tanto más fácil cuanto que son muchos los degustadores que la comen regularmente. Se trata de una excelente fuente de proteínas con un bajo contenido en lípidos. Su composición tiene pocos ácidos grasos saturados y contiene sobre todo los famosos omega 3, bien conocidos en la prevención cardiovascular. Los omega 3 también tienen una acción que aumenta la fluidez de la sangre, lo mismo que hace la aspirina por otros mecanismos. La almeja también es una fuente importante de hierro (cuatro veces más que una misma porción de hígado de ternera). El hierro ayuda a llevar oxígeno a las células y participa en la formación de los glóbulos rojos. Este hierro tiene una buena biodisponibilidad y es muy bien absorbido. Con sólo cien gramos de almeja se satisfacen las necesidades de hierro diarias del organismo. Consumir almejas permite aumentar los aportes de hierro de forma natural. Además del hierro, también contienen numerosos minerales, como zinc, fósforo, cobre, manganeso y selenio. El fósforo contenido en la almeja es útil para el crecimiento y la regeneración de los tejidos. También es un constituyente importante de las membranas celulares. El zinc interviene entre otras cosas en la calidad de las respuestas inmunitarias, la cicatrización de las heridas y la síntesis de la insulina. El cobre, por su parte, interviene en la fabricación del colágeno, y el selenio en la prevención de los radicales libres. ¡Pero consumir todos los días almejas como la *Artica islandica* no hace que uno viva cuatrocientos años! Es una lástima, porque eso nos habría permitido resolver la cuestión de la inmortalidad de golpe. En cambio, el estudio de los mecanismos de protección biológica de la almeja puede permitirnos comprender esa longevidad excepcional.

Unos investigadores han tenido la idea de comparar dos tipos de almejas: la *Artica islandica* y otra especie de vida corta como la *Mercenaria mercenaria*. Como en el juego de los siete errores, se trata de encontrar las diferencias que existen entre las dos a pesar de que exteriormente se parecen mucho. Los científicos exploran día tras día los sistemas de defensas biológicas que permiten a la *Artica islandica* desafiar el tiempo. Se ha visto una extrema resistencia al estrés oxidativo, del que se sabe que altera el funcionamiento celular con el paso del tiempo, así como la existencia de sistemas eficaces de reparación celular y de eliminación de radicales libres. Esta almeja, a la que muchos investigadores llaman Ming, aún no nos ha revelado todos sus secretos. Los surcos de su concha indican su edad, un poco como los surcos de los discos de vinilo antiguos, y cuentan una historia de cuatro siglos de antigüedad.

La *Artica islandica* vive en aguas frías y el frío es un factor conocido por hacer más lento el envejecimiento. Experimentos en ratones han mostrado que si se bajaba aunque sólo fuese 0.5 °C la temperatura de un animal, se aumentaba en 15 por ciento su esperanza de vida. El frío disminuye el metabolismo. Parece que éste es un elemento que podría contribuir a la longevidad. Pero no es más que una pieza del rompecabezas que, si se puede reconstituir, permitirá dar un paso gigante en el tema de la longevidad.

Es evidente que un humano y una almeja son extremadamente diferentes. Sin embargo, ambos son seres biológicos vivos y frágiles que contienen en sus células biológicas los mismos principios fundamentales de vida. Las células funcionan sin interrupción, permitiendo que la vida exista. Las células tan frágiles de este pequeño animal son capaces de resistir bajo el agua salada del mar cuatrocientos años, más que el casco de acero de un barco encallado en el fondo del mar durante el mismo periodo de tiempo. Para alcanzar duraciones de vida de cuatro siglos habría que descubrir el secreto.

La *Rana sylvatica* es una rana misteriosa que vive en el norte de Canadá y pronto será el origen de progresos considerables en el campo científico. Esta rana dispone de un poder increíble: el de la resurrección. La *Rana sylvatica* vive en regiones frías. Cuando la temperatura ambiente baja a –7 °C, entra en congelación y se criogeniza totalmente. Una vez congelada, muere.

El corazón está parado y el cerebro presenta un electroencefalograma plano definitivo que indica el fallecimiento. Están, por tanto, reunidos todos los criterios que caracterizan la muerte de la rana. Que por cierto son los mismos criterios que se emplean para extender el acta de defunción de las personas y poder enterrarlas. Lo que los científicos habían observado en la naturaleza lo reprodujeron en el laboratorio. Congelaron las ranas. La rana muerta en su bloque de hielo puede permanecer semanas en ese estado. Pero cuando, en un momento dado, se sube la temperatura poco a poco para volver al calor ambiente, se produce un hecho asombroso: la rana revive. Espontáneamente, su corazón vuelve a latir de forma regular y su cerebro funciona como si nada hubiera ocurrido, con una memoria intacta. No hay necesidad de ningún electrochoque para poner la máquina en funcionamiento, ninguna inyección especial, no hace falta administrarle oxígeno. ¿Cómo lo consigue?

En realidad, los investigadores canadienses habían observado que en el momento de los grandes fríos, la rana se enterraba espontáneamente bajo la tierra helada para pasar el invierno y esperar tiempos mejores. En primavera reanudaba su vida normalmente. Estas ranas tan especiales fueron llevadas al laboratorio para estudiar esos increíbles fenómenos de resurrección. Los investigadores no tardaron en encontrar una primera clave. Hasta ahora, los ensayos por conservar un organismo vivo entero siempre han tropezado con el mismo problema en la crioconservación. Con el frío se forman espículas de hielo que destruyen todas las células, transformándolas en una especie de papilla. Por eso los ensayos de crioconservación en animales o en humanos no han conseguido nunca devolverles la vida. Pero esta rana de los bosques ha encontrado la solución. Fabrica su propio anticongelante que protege perfectamente sus células de la destrucción por espículas de hielo. Este anticongelante es, por otra parte, de una composición sencillísima: se trata de una especie de azúcar. Así, cuando la temperatura baja de cero, el hígado de la rana segrega unas cantidades impresionantes de glucógeno, que funciona como anticongelante protector y eficaz. Este anticongelante se distribuye por todos los órganos, el cerebro y las arterias, y los protege de los daños ocasionados por la congelación. Paralelamente, otros estudios científicos han llegado a esta misma conclusión de que la utilización de un anticongelante biológico era esencial para garantizar una crioconservación eficaz. Las inyecciones de sustancias compuestas entre otras cosas por derivados del azúcar permiten preservar las células y los órganos. Las investigaciones han demostrado que también podían intervenir otras sustancias para incrementar aún más la eficacia de esa congelación. En efecto, la congelación de tejidos vivos debe responder a varios criterios para ser eficaz. Hay que procurar que el volumen de las células no se vea aplastado por la congelación (jugando con la osmolaridad de las células), procurar que no se formen cristales que destruyan las células y hacer todo lo posible por evitar los periodos de falta de oxígeno, que dañaría gravemente los tejidos.

Es de nuevo estudiando esa famosa rana como los científicos han comprobado que producía más urea y otras sustancias como la prolina, así como un tipo específico de azúcar, la trehalosa. Para acabar de descubrir el misterio de la *Rana sylvatica*, el profesor Lee, de Estados Unidos, ha descubierto que dicha especie de rana era portadora de una bacteria muy rara: *Pseudomonas putida*. Inyectando esa bacteria a una rana de otra especie que no toleraba la congelación, descubrió que se convertía en resistente a la misma.

La investigación se acelera, pues, para comprender cómo un organismo entero puede resistir así a la congelación y volver a la vida sin ninguna lesión ni del cuerpo ni del cerebro. Se estudian todos los parámetros, desde los anticongelantes hasta las bacterias, pasando por el tiempo necesario para bajar de la temperatura ambiente a la de congelación. En efecto, la rapidez de la congelación aparece como un factor muy importante para el éxito de la operación. Estas investigaciones son fundamentales porque abren nuevas vías en la conservación de los órganos que esperan ser trasplantados. Hoy existe un desfase entre el número de demandantes de órganos y el número de donantes.

La posibilidad de conservar más tiempo los órganos en los bancos de crioconservación (como ya se hace para la piel, que puede conservarse más de diez años) permitiría disminuir esa carencia. Los bancos biológicos que existen demuestran hasta qué punto el tema es importante. En la actualidad se conservan perfectamente embriones para futuros implantes, espermatozoides, ovocitos, células madre... En otro orden de cosas, cabe destacar los trabajos de científicos japoneses que han logrado clonar un ratón que estuvo dieciséis años en un congelador. O sea que la vieja creencia de que el frío conserva parece estar comprobada.

En este contexto es interesante citar la experiencia norteamericana del zoo congelado de San Diego. Los investigadores tuvieron la idea de contribuir a la preservación del patrimonio biológico de la humanidad, y en particular de las especies que pueden estar en peligro de extinción. Para ello decidieron conservar mediante crioconservación el esperma, los ovocitos y ciertos tejidos de más de ocho mil cuatrocientos animales pertenecientes a ochocientas especies diferentes. Es una especie de arca de Noé de los tiempos modernos, que recoge el conjunto de los elementos técnicos propios de cada especie, desde su modo de vida hasta su ADN. Todos los animales conviven: osos polares, rinocerontes, pájaros, gorilas y leones. Se han reunido así todos los medios para poder un día, gracias a los progresos de la ciencia, resucitar las especies desaparecidas. Como el zoo se halla en una zona con un riesgo sísmico importante, los responsables han tomado la precaución de doblar todas las muestras para almacenarlas en otra zona que comporta menos riesgos.

Hace algunos años, la oveja Dolly demostró que los límites de lo imposible ya se habían franqueado. En cambio, las extracciones practicadas en mamuts mal conservados desde hace diez mil años no han dado resultado. Es esencial que la crioconservación se haga en condiciones tecnológicas impecables para que el resultado sea un éxito. El simple ejemplo de la conservación de los espermatozoides y de los ovocitos muestra claramente que hacen falta criterios de extracción y conservación ejemplares para no comprometer el éxito de la operación. Es evidente que la vía de la conservación de las células, tejidos, órganos y organismos humanos está actualmente abierta para el porvenir y que estas investigaciones aniquilarán todos los dogmas y los fundamentos culturales y sociales en el futuro.

La rana es conocida desde la Antigüedad como un símbolo de resurrección. Ya los griegos le atribuían un simbolismo de fecundidad y creatividad. Clodoveo llevaba su efigie en el estandarte y representaba la vía espiritual hacia la perfección, la resurrección y la inmortalidad. Una primera señal enviada desde la noche de los tiempos por ese curioso batracio, que ahora ha descubierto una de las claves de la inmortalidad. La rana canadiense de los bosques simboliza perfectamente los colosales progresos que veremos en los próximos años en el campo de la preservación de la materia viva por crioconservación. Durante mucho tiempo la investigación no se ha ocupado de este campo porque parecía imposible devolver un organismo entero a la vida, sobre todo con el cerebro y la memoria intactos. La *Rana sylvatica* demuestra con claridad que lo imposible, lo impensable, se convierte en posible. Los primeros ensayos de crioconservación de organismos humanos enteros después de su muerte en Estados Unidos no han dado nunca resultados, y sin duda no los darán jamás. Los cuerpos se ponían en conserva demasiado tarde y sin tener en cuenta los anticongelantes biológicos. Pero la *Rana sylvatica* nos hace pensar que en un futuro próximo podremos imaginar a humanos suspendidos en el tiempo. Doscientos años más tarde, esos humanos volverán tal vez a la vida gracias a nuevos tratamientos para curar la enfermedad de la que han sido víctimas. Las investigaciones continúan en la actualidad.

Los límites entre la vida y la muerte y ahora entre la muerte y la vida se traspasan cada día más. En 2012 un equipo de investigadores del Instituto Pasteur de París descubrió un fenómeno inquietante. Los científicos estudiaron dieciséis cadáveres, el más viejo de los cuales tenía 95 años. Diecisiete días después del fallecimiento recuperaron en los músculos unas células madre y las pusieron en cultivo. Para gran sorpresa de los médicos, las células se multiplicaron y se diferenciaron en células musculares. Es absolutamente increíble que unas células puedan volver a funcionar tras un periodo tan largo. Hay que imaginar por un momento lo que ocurre con los tejidos de un cadáver tras diecisiete días: un estado de putrefacción, un medio hostil infectado por una especie de papilla de células. En medio de ese magma sobreviven unas células clave como esas células madre que tienen la capacidad de reconstruir cualquier órgano. Empezamos a comprender cómo esas células realizan el prodigio de mantenerse vivas en medio de un organismo muerto en estado de descomposición. De hecho, se ponen en *stand by* como para ahorrar al máximo su energía. Para ello reducen la actividad de sus mitocondrias, células que actúan como verdaderas fábricas de energía. La falta de oxígeno parece incluso que les sienta bien, ya que las células madre musculares sin oxígeno resisten mejor que las sometidas al medio ambiente. De hecho, esas células resuelven varias ecuaciones: se adaptan perfectamente a un medio difícil a nivel biológico conservando todo su potencial biológico. Es sorprendente que de un cadáver de más de quince días puedan renacer células vivas. Eso abre perspectivas inmensas, entre ellas una fuente ética de células madre en la que jamás se había pensado.

En la práctica, para resistir a una agresión de extremada violencia como la muerte, las células inventan una estrategia innovadora. Deben enfrentarse a un ataque de enzimas destructoras, de virus, de bacterias devastadoras y a carencia de oxígeno. Para ello se ponen en estado de ayuno energético, reduciendo al máximo la cantidad de energía utilizada, aunque tengan que cerrar la mayor parte de sus centrales energéticas representadas por las mitocondrias. De esta forma soportan la disminución drástica de oxígeno y las agresiones químicas y microbiológicas. Gestionan la crisis a su manera, recortando todo el gasto energético y concentrándose únicamente en su supervivencia. Hoy estamos en los inicios del estudio de ese fenómeno que hace unos años habría sido considerado sobrenatural. He aquí la vía de la resurrección abierta a través de ese ayuno energético que permite a las células cruzar una línea que parecía infranqueable.

La inmunoterapia representa el símbolo de una medicina nueva, natural, que restablece los equilibrios fisiológicos alterados. Conduce a replantearse completamente los fundamentos de la medicina y a emplear los propios recursos del paciente para el tratamiento. Sin duda, es difícil proponer esta nueva vía terapéutica ultrapersonalizada a la mayoría de la población. Ya presentíamos esta perspectiva cuando se empezó a investigar con las células madre. Representan la base de la medicina regenerativa que permitirá mañana recrear en el laboratorio, a partir de una célula madre extraída de una persona, el órgano de sustitución que esa persona necesita. Estas piezas de recambio podrán fabricarse a pedido y almacenarse si es necesario.

Un obstáculo importantísimo es el costo de esas investigaciones. Un adolescente africano todavía puede morir hoy en día de una simple infección por no poder pagar los diez euros que cuestan los antibióticos. Nosotros lo aceptamos porque ocurre lejos; pero mañana, esas desigualdades existirán dentro de nuestro propio país. Las autoridades prohibirán practicar esa nueva medicina, como prohíben hoy en Francia realizar el test de paternidad. Algunos se saltan la ley y envían por correo la saliva del padre y del hijo a Alemania o a Gran Bretaña, y el resultado les llega a vuelta de correo. Cuando el aborto estaba prohibido en Francia, las mujeres cruzaban el canal de la Mancha para abortar. La salud no tiene fronteras, y lo que se prohíbe a un lado de los Pirineos puede estar autorizado al otro. Salvo en las dictaduras, los ciudadanos tienen libertad de movimientos y toman libremente sus decisiones. El ejemplo reciente de los bancos de cordones umbilicales es en este sentido muy elocuente.

En Francia la conservación personalizada del cordón umbilical está prohibida. Cabe señalar que el cordón es muy rico en células madre y que, en el futuro, es posible que esas células representen una herramienta valiosísima si hay un problema de salud. Todavía estamos en la fase de investigación, pero ¿por qué privar a nuestro hijo de una posible oportunidad en el futuro? ¡Es tan sencillo conservar un cordón en nitrógeno líquido! Y un día quizás podrá salvar vidas, convirtiéndose en una fuente de células de sustitución. Una vez más, basta cruzar una frontera en Europa para encontrar un país cuya legislación autoriza esta opción. Las células madre que tenemos en nosotros serán mañana nuestro mejor medicamento para luchar contra las enfermedades que todavía no sabemos curar. Son los mejores medicamentos, ocultos en lo más profundo de nuestro organismo y esperan ser activados para salvarnos.

«Uno tarda mucho en volverse joven.»

PABLO PICASSO

Agradecimientos

Por sus opiniones de expertos, sus consejos juiciosos y sobre todo por su amistad, que me ha acompañado durante la larga redacción de esta obra:

Profesor Michel Aubier
Profesor Frédéric Baud
Señora Caroline Bee
Profesor Patrick Berche
Señora Lise Boëll, mi editora
Profesor Fabrice Bonnet
Profesor François Bricaire
Señor Richard Ducousset
Doctor Gérald Fain
Profesor Gérard Friedlander
Profesor Serge Hercberg

Profesor Michel Lejoyeux
Profesor Jean François Narbone
Profesor François Olivenne
Señor Antonin Saldmann
Señora Marie Saldmann
Doctor Olivier Spatzierer

Bibliografía

1. Combatir eficazmente el exceso de peso

Aldemir M., Okulu E., Neselioglu S. *et al.*, «Pistachio diet improves erectile function parameters ans serum lipid profiles in patients with erectile dysfunction», *Int. J. Impot. Res.* 23 (1), enero-febrero de 2011, pp. 32-38.

Al-Dujaili E. y Smail N., «Pomegranate juice intake enhances salivary testosterone levels and improves mood and well being in healthy men and women», *Endocrine Abstracts* 28, 2012, p. 313.

Dreher M. L., «Pistachio nits: composition and potential health benefits», *Nutr. Rev.* 70 (4), pp. 234-240.

Golomb A. B., Koperski S. y White Halbert L., «Association between more Frequent Chocolate consumption and Lower Body Mass index», *Research Letters*, vol. 172, n° 6, 26 de marzo de 2012.

Freedman N. D., Park Y., Abnet C. C. *et al.*, «Association of coffee drinking with total and cause-specific mortality», *N. Engl. J. Med.* 366 (20), 17 de mayo de 2012, pp. 1891-1904.

Galgani J. E. y Ravussin E., «Effect of dihydrocapsiate on resting metabolic rate in humans», *Am. J. Clin. Nutr.* 95 (5), noviembre de 2010, pp. 1089-1093.

Galgut J. M. y Ali S. A., «Effect and mechanism of action of resveratrol: a novel melanolytic compound from the peanut skin of arachis hypogaea», *J. Recept. Signal. Transduct. Res.* 31 (5), octubre de 2011, pp. 374-380.

Gebauer S. K., West S. G., Kay C. D. *et al.*, «Effects of pistachios on cardiovascular disease risk factors and potential mechanisms of action: a dose-response study», *Am. J. Clin. Nutr.* 99 (3), septiembre de 2008, pp. 651-659.

Jakubowicz D., Froy O., Wainstein J. y Boaz M., «Meal timing and composition influence ghrelin levels, appetite scores and weight loss maintenance in overweight and obese adults», *Steroids* 77 (4), 10 de marzo de 2012, pp. 323-331.

Jeyaraj D., Haldar S. M., Wan X. *et al.*, «Circadian rhythms govern cardiac repolarization and arrhythmogenesis», *Nature* 483 (7387), 22 de febrero de 2012, pp. 96-99.

Jeyaraj D., Scheer F. A., Ripperger J. A. *et al.*, «Klf15 orchestrates circadian nitrogen homeostasis», *Cell Metab.* 15 (3), marzo de 2012, pp. 311-326.

Kim K. J., Lee M. S., Jo K. y Hwag J. K., «Piperidine alkaloids from Piper retrofractum Vahl. Protect against high-fat diet-induced obesity by regulating lipid metabolism and activating AMP-activated protein kinase», *Biochem. Biophys. Res. Commun.* 411 (1), 22 de julio de 2011, pp. 219-225.

Kris-Etherton P. M., Hu F. B., Ros E. y Sabaté J., «The role of tree nuts and peanuts in the prevention of coronary heart disease: multiple potential mechanisms», *J. Nutr.* 138 (9), septiembre de 2008, pp. 1746S-1751S.

Lee T. A., Li Z., Zerlin A. y Heber D., «Effects of dihydrocapsiate on adaptive and diet-induced thermogenesis with a high protein very low calorie diet: a randomized control trial», *Nutr. Metab.* 7 (78) (Londres), 6 de octubre de 2010.

Liu Y., Yadev V. R., Aggarwal B. B. y Nair M. G., «Inhibitory effects of black pepper (*Piper nigrum*) extracts and compounds on human tumor cell proliferation, cyclooxygenase enzymes, lipid peroxidation and nuclear transcription factor-kappa-B», *Nat. Prod. Commun.* 5 (8), agosto de 2010, pp. 1253-1257.

Massolt E. T., Van Haard P. M., Rehfeld J. F. *et al.*, «Appetite suppression through smelling of dark chocolate corrdaltes with changes in ghrelin in young women», *Regul. Pept.* 161 (1-3), 9 de abril de 2010, pp. 81-86.

Park U. H., Jeong H. S., Jo E. Y. *et al.*, «Piperine, a component of black pepper, inhibits adipogenesis by antagonizing PPARy activity in 3T3-L1 cells», *J. Agric. Food. Chem.* 60 (15), 8 de abril de 2012, pp. 3853-3860.

Turski M. P., Kamiñski P., Zgrajka W. *et al.*, «Potato, an important source of nutritional kynurenic acid », *Plant. Foods. Hum Nutr.* 67 (1), marzo de 2012, pp. 17-23.

Yoshioka M., Lim K., Kikuzato S. *et al.*, «Effects of red-pepper diet on the energy metabolism in men», *J. Nutr. Sci. Vitaminol.* 41 (6) (Tokio), diciembre de 1995, pp. 647-656.

—, St-Pierre S., Suzuki M. y Tremblay A., «Effects of red-pepper added to high-fat and high-carbohydrate meals on energy metabolism and substrate utilization in Japanese women», *Br. J. Nutr.* 80 (6), diciembre de 1998, pp. 503-510.

2. Dinamizar el organismo

Albu J. B., Heilbronn L. K., Kelley D. R., Look AHEAD Adipose Research Group *et al.*, «Metabolic changes following a 1-year diet and exercise intervention in patients with type 2 diabetes», *Diabetes* 59 (3), marzo de 2010, pp. 627-633.

Aldemir M. *et al.*, «Pistachio diet improves erectile function parameters and serum lipid profiles in patients with erectile dysfunction», *Int. J. Impot. Res.* 23 (1), enero-febrero de 2011, pp. 32-38.

Barrès R., Yan J., Egan B. *et al.*, «Acute exercise remodels promoter methylation in human skeletal muscle», *Cell Metab*. 15 (3), 7 de marzo de 2012, pp. 405-411.

Benziane B., Björnholm M., Pirkmajer S. *et al.*, «Activation of AMP-activated protein kinase stimulates Na+, K+-ATPase activity in skeletal muscle cells», *J. Biol. Chem*. 287 (28), 6 de julio de 2012, pp. 23451-23463.

Bonorden M. J., Rogozina O. P., Kluczny C. M. *et al.*, «Intermittent calorie restriction delays prostate tumor detection and increases survival time in TRAMP mice», *Nutr. Cancer*. 61 (2), 2009, pp. 265-275.

Canto C., Jiang L. Q., Deshumukh A. S. *et al.*, «Interdependence of AMPK and SIRT1 for metabolic adaptation to fasting and exercise in skeletal muscle», *Cell Metab.* 11 (3), 3 de marzo de 2010, pp. 213-219.

Cleary M. P. y Grossmann M. E., «The manner in which calories are restricted impacts mammary tumor cancer prevention», *J. Carcinog*. 10, 2011, p. 21.

DECODE Study Group, «Glucose tolerance and cardiovascular mortality. Comparison of fasting and 2-hour diagnostic criteria», *Arch. Intern. Med.* 161 (3), 2011, pp. 397-405.

Egan B., Carson B. P., Garcia-Roves P. M. *et al.*, «Exercise intensity-dependent regulation of peroxisome proliferator-activated receptor coactivator-1 mRNA abundance is associated with differential activation of upstream signalling kinase in human skeletal muscle», *J. Physiol*. 588 (Pt 10), 15 de mayo de 2010, pp. 1779-1790.

Fusco S., Ripoli C., Podda M. V. *et al.*, «A role for neuronal cAMP responsive-element binding 'CREB)-1 in brain responses to calorierestriction», *Proc. Natl. Acad. Sci.* 109 (2) (Estados Unidos), enero de 2012, pp. 621-626.

Ganzer C. y Zauderer C., «Promoting a brain-healthy lifestyle», *Nurs. Older People* 23 (7), septiembre de 2011, pp. 24-27.

Hallberg O. y Johansson O., «Sleep on the right side-Get cancer on the left?», *Pathophysiology* 17(3), junio de 2010, pp. 157-160.

Hara M. R., Kovacs J. J., Whalen E. J. *et al.*, «A stress response pathway regulates DNA damage through ß2-adrenoreceptors and ß-arrestin-1», *Nature* 477 (7364), 21 de agosto de 2011, pp. 349-353.

Harvie M. N., Pegington M., Mattson M. P. *et al.*, «The effects of intermittent or continuous energy restriction on weight loss and metabolic disease risk markers: a randomized trial in young overweight women», *Int. J. Obes.* 35 (5) (Londres), mayo de 2011, pp. 714-727.

Heilbronn L. K., Civitarese A. E., Bogacka I. *et al.*, «Glucose tolerance and skeletal muscle gene expression in response to alternate day fasting», *Obes. Res.* 13 (3), marzo de 2004, pp. 574-581.

Heilbronn L. K., De Jonge J., Frisard M. I., Pennington CALERIE Team *et al.*, «Effect of 6-month calorie restriction on biomarkers of longevity, metabolic adaptation, and oxidative stress in overweight individuals: a randomized controlled trial», *JAMA* 295 (13), 5 de abril de 2006, pp. 1539-1548.

Heilbronn L. K., Smith S. R., Martin C. K. *et al.*, «Alternate-day fasting in nonobese subjects: effects on body weight, body composition, and energy metabolism», *Am. J. Clin. Nutr.* 81 (1), enero de 2005, pp. 69-73.

Heydari A. R., Unnikrishnan A., Lucente L. V. y Richardson A., «Caloric restriction and genomic stability», *Nucleic Acids Res.* 35 (22), 2007, pp. 7485-7496.

Ho A. J., Raji C. A., Backer J. T. *et al.*, «The effect of physical activity, education, and body mass index on the aging brain», *Hum. Brain. Mapp.* 32 (9), septiembre de 2011, pp. 1371-1382.

Johnson J. B. *et al.*, «Pretreatment with alternate day modified fast will permit higher dose and frequency of cancer chemotherapy and better cure rates», *Med. Hypotheses* 72 (4), abril de 2009, pp. 381-382.

Karbowska J. y Kochan Z., «Intermittent fasting up-regulates Fsp27/Cidec gene expression in white adipose tissue», *Nutrition* 28 (3), marzo de 2011, pp. 295-299.

Katare R. G., Kakinuma Y., Arikawa M. *et al.*, «Chronic intermittent fasting improves the survival following large myocardial ischemia by activation of BDNF/VEGF/PI3K signaling pathway», *J. Mol. Cell Cardiol*. 46 (3), marzo de 2009, pp. 405-412.

Katzmarzyl P. T. y Lee I. M., «Sedentary behaviour and life expectancy in the USA: a cause-deleted life table analysis», *BMJ Open*. 2 (4), 9 de julio de 2012.

Langdon K. D. y Corbett D., «Improved Working Memory Following Novel Combinations of Physical and Cognitive Activity», *Neurorehabil. Neural. Repair,* 9 de diciembre de 2011.

Larsen, J. J. S. *et al.*, «The effect of intense exercise on postprandial glucose homeostasis in Type II diabetic patients», *Diabetologia* 42 (11), 1999, pp. 1282-1292.

—, «The effect of moderate exercise on postprandial glucose homeostasis in NIDDM patients», *Diabetologia* 40 (4), 1997, pp. 447-453.

Man D. W., Tsang W. W. y Hui-Chan C. X., «Do older t'ai chi practitioners have better attention and memory function?», *J. Altern. Complement. Med.* 16 (12), diciembre de 2010, pp. 1259-1264.

Meyer P., Kayser B. y Kossovsky M. P. *et al.*, «Stairs instead of elevators at workplace: cardioprotective effects of a pragmatic intervention», *Eur. J. Cardiovasc. Prev. Rehabil*. 17 (5), octubre de 2010, pp. 569-575.

Morris J. N., Heady J. A., Raffle P. A. B. *et al.*, «Coronary heartdisease and physical activity of work», *The Lancet*, vol. 262, n° 6795, noviembre de 1953, pp. 1053-1057.

Netz Y., Dwolatzky T., Zinker Y. *et al.*, «Aerobic fitness and multidomain cognitive function in advanced age», *Int. Psychogeriatr*. 23 (1), febrero de 2011, pp. 114-124.

Raffaghello L., Safdie F., Bianchi G. *et al.,* «Fasting and differential chemotherapy protection in patients», *Cell Cycle* 9 (22), 15 de noviembre de 2010, pp. 4474-4476.

Safdie F. M., Dorff T., Quinn D. *et al.*, «Fasting and cancer treatment in humans: A case series report», *Cell Cycle* 9 (22), 15 de noviembre de 2010, pp. 4474-4476.

Singh R., Lakhanpal D., Kumar S. *et al.*, «Late-onset intermittent fasting dietary restriction as a potential intervention to retard age-associated brain function impairments in male rats», *Age (Dordr)* 34 (4), agosto de 2012, pp. 917-933.

Tajes M., Gutiérrez-Cuesta J., Folch J. *et al.*, «Neuroprotective role of intermittent fasting in senescence-accelerated mice P8 (SAMP8)», *Exp. Gerontol.* 45 (9), septiembre de 2010, pp. 702-710.

Takaishi T. *et al.,* «A short bout of stair climbing-descending exercise attenuates postprandial hyperglycemia in middle-aged males with impaired glucose tolerance», *Appl. Physiol. Nutr. Metab.*, 23 de diciembre de 2011.

Timmers S., Konings E., Bilet L. *et al.*, « Calorie restriction-like effects of 30 days of resveratrol supplementation on energy metabolism and metabolic profile in obese humans», *Cell Metab.* 14 (5), 2 de noviembre de 2011, pp. 612-622.

Varady K.A. *et al.,* «Intermittent versus daily calorie restriction: which diet regimen is more effective for weight loss?», *Obes. Rev.* 12 (7), julio de 2011, pp. 593-601.

Wan R., Ahmet I., Brown M. *et al.*, «Cardioprotective effect of intermittent fasting is associated with an elevation of adiponectin levels in rats», *J. Nutr. Biochem.* 21 (5), mayo de 2010, pp. 413-417.

Zhao K. Q., Cowan A. T., Lee R. J. *et al.*, «Molecular modulation of airway epithelial ciliary response to sneezing», *FASEB J.* 26 (8), agosto de 2012, pp. 3178-3187.

3. Mejorar el sueño

Abel E. L., Hendrix S. L., McNeeley G. S. *et al.*, «Use of electric blankets and association with prevalence of endometrial cancer», *Eur. J. Cancer. Prev.* 16 (3), junio de 2007, pp. 243-250.

Gregosky M. J., Vertegel A., Shaporev A. y Treifer F. A., «Tension Tamer: delivering meditation with objective heart rate acquisition for adherence monitoring using a smart phone platform», *J. Altern. Complement Med.* 19 (1), enero de 2013, pp. 17-19.

Halsey L. G., Huber J. W., Low T. *et al.*, «Does consuming breakfast influence activity levels? An experiment into the effect of breakfast consumption on eating habits and energy expenditure», *Public Health Nutr.* 15 (2), febrero de 2012, pp. 238-245.

Josic J., Olsson A. T., Wickeberg J. *et al.*, «Does green tea affect postprandial glucose, insulin and satiety in healthy subjects: a randomized controlled trial», *Nutr. J.* 9, 30 de noviembre de 2010, p. 63.

Rao S. S., Kavlock R. y Rao S., «Influence of body position and stool characteristics on defecation in humans», *Am. J. Gastroenterol.* 101 (12), diciembre de 2006, pp. 2790-2796.

Roehrs T. A., Randall S., Harris E. *et al.*, «MSLT in primary insomnia: stability and relation to nocturnal sleep», *Sleep* 34 (12), 1 de diciembre de 2011, pp. 1647-1652.

Sikirov D., «Comparison of strainig during defecation in three positions: results and implications for human health», *Dig. Dis. Sci.* 48 (7), 2003, pp. 1201-1205.

4. Desembarazarse de las molestias más frecuentes: los problemas del tránsito intestinal, las alergias, etcétera

Bilhult A., Lindholm C., Gunnarsson R. y Stener-Vicorin E., «The effect of massage on cellular immunity, endocrine and psychological factors in women with breast cancer: a randomized controlled clinical trial», *Auton Neurosci.* 140 (1-2), junio de 2008, pp. 88-95.

Boyle T., Fritschi L., Heyworth J. y Bull F., «Long-term sedentary work and the risk of subsite-specific colorectal cancer», *Amer. J. Epidemiol.* 173 (10), 15 de mayo de 2011, pp. 1183-1191.

Cady S. H. y Jones G. E., «Massage therapy as a workplace intervention for reduction of stress», *Percept. Mot. Skills*. 84 (1), febrero de 1997, pp. 157-158.

Clark C. E., Taylor R. S., Shore A. C. y Campbell J. L., «The difference in blood pressure readings between arms and survival: primary care cohort study», *BMJ* 344, 20 de marzo de 2012, p. 1327.

Clark C. E., Taylor R. S., Shore A. C. *et al.*, «Association of a difference in systolic blood pressure between arms with vascular disease and mortality: a systematic review and meta-analysis», *The Lancet* 379 (9819), 10 de marzo de 2012, pp. 905-914; *Epub,* 30 de enero de 2012.

Cooper R., Kuh D. y Hardy R., «Mortality Review Group and FALCon and HALCyon Study Teams. Objectivity measured physical capability levels and mortality: systematic review and metaanalysis», *BMJ* 341, 9 de septiembre de 2010, p. 4467.

Ever-Hadani P., Seidman D. *et al.,* «Breast feeding in Israel: maternal factors associated with choice and duration», *J. of Epidemiol. and Community Health* 48, 1994, pp. 281-285.

Green J., Cairns B. J., Casabonne D., Million Women Study Collaborators *et al.,* «Height and cancer incidence in the Million Women Study: prospective cohort, and meta-analysis of prospective studies of height and total cancer risk», *Lancet Oncol*. 12 (8), agosto de 2011, pp. 785-794.

Grewen K. M., Girdler S. S., Amico J. y Light K. C., «Effects of partner support on resting oxytocin, cortisol, neuropinephrine, and blood pressure before and after warm partner contact», *Psychosom. Med.* 67 (4), julio-agosto de 2005, pp. 531-538.

Katzmarzyk P. T., Church T. S., Craig C. L. y Bouchard C., «Sitting time and mortality from all causes, cardiovascular disease, and cancer», *Med. Sci. Sports Exerc.* 41 (5), mayo de 2009, pp. 998-1005.

Lerro C. C., McGlynn K. A. y Cook M. B., «A systematic review and meta-analysis of the relationship between body size and testicular cancer», *Br. J. Cancer*. 103 (9), 26 octubre de 2010, pp. 1467-1474.

Lin H. H., Tsai P. S., Fang S. C. y Liu J. F., «Effect of kiwifruit consumption on sleep quality in adults with sleep problems», *Asia Pac. J. Clin. Nutr.* 20 (2), 2011, pp. 169-174.

Löberbauer-Purer E., Meyer N. L., Ring-Dimitriou S. *et al.*, «Can alternating lower body negative and positive pressure during exercise alter regional body fat distribution or skin appearance?», *Eur. J. Appl. Physiol.* 112 (5), mayo de 2012, pp. 1861-1871.

Muller D. C., Giles G. G., Manning J. T. *et al.*, «Second to fourth digit ratio (2D: 4D) and prostate cancer risk in the Melbourne Collaborative Cohort Study», *Br. J. Cancer*.105 (3), 26 de julio de 2011, pp. 438-440.

Waser M., Von Mutius E., Riedler J. *et al.*, «Exposition aux animaux domestiques et leur association avec le rhume des foins, l'asthme et la sensibilisation atopique chez des enfants en milieu rural», *Allergy* 60 (2), pp. 177-184.

Wiesner J. y Vilcinskas A., «Antimicrobial peptides: the ancient arm of the human immune system», *Virulence* 1 (5), septiembre-octubre de 2010, pp. 440-464.

Wu M. y Liu A. M. *et al.*, «Green tea drinking, high tea temperature and esophageal cancer in high and low-risk areas of Jiangsu Province, China. A population-based case-control study», *Int. J. Cancer*., 6 de noviembre de 2008.

Zhao K. Q., Cowan A. T., Lee R. J. *et al.*, «Molecular modulation of airway epithelial ciliary response to sneezing», *Faseb J.* 26 (8), agosto de 2012, pp. 3178-3187.

5. Luchar contra las enfermedades infecciosas y proteger a los hijos

Amedei A., Codolo G., Del Prete G. *et al.*, «The effect of *Helicobacter pylori* on asthma and allergy», *J. Asthma. Allergy* 3, 29 de septiembre de 2010, pp. 139-147.

Arnold I. C., Dehzad N., Reuter S. *et al.*, «*Helicobacter pylori* infection prevents allergic asthma in mouse models through the induction of regulatory T-cells», *J. Clin. Invest.* 121 (8), 1 de agosto de 2011, pp. 3088-3093.

Au G. G., Beagley L. G., Haley E. S. *et al.*, *Oncolysis of malignant human melanoma tumors by Coxsackieviruses A13, A15 and A18*, The Picornaviral Research Unit, The School of Biomedical Sciences and Pharmacy, Faculty of Health, Universidad de Newcastle (Australia).

Bjornerem A. *et al.*, «Breastfeeding protects against hip fracture in postmenopausal women: the tromso study», *JBMR* 26 (12), 2011, pp. 2843-2850.

D'Elios M. M. y De Bernard M., «To treat or not to treat *Helicobacter pylori* to benefit asthma patients», *Expert. Rev. Respir. Med.* 4 (2), abril de 2010, pp. 147-150.

—, Codolo G., Amadei A. *et al.*, «*Helicobacter pylori,* asthma and allergy», *FEMS Immunol. Med. Microbiol.* 56 (1), junio de 2009, pp. 1-8.

Ege M. J., Mayer M., Normand A. C., GABRIELA Transregio 22 Study Group *et al.*, «Exposure to environmental microorganisms and childhood asthma», *N. Engl. J. Med.* 364 (8), 24 de febrero de 2011, pp. 701-709.

Lee S. W. y Schwarz N., «Dirty hands and dirty mouths: embodiment of the moral-purity metaphor is specific to the motor modality involved in moral transgression», *Psychol Sci.* 21 (10), octubre de 2010, pp. 1423-1425.

6. Conocer los pasos que curan y alivian

Bhavsar A. S., Bhavsar S. G. y Jain S. M., «A review on recent advances in dry eye: Pathogenesis and management», *Oman. J. Ophtalmol.* 4 (2), mayo de 2011, pp. 50-56.

Blyton F., Chuter V. y Burns J., «Unknotting night-time muscle cramp: a survey of patient experience, help-seeking behaviour and perceived treatment effectiveness», *J. Foot. Ankle. Res* 5 (7), 15 de marzo de 2012.

Chang F. Y. y Lu C. L., «Hiccup: mystery, nature and treatment», *J. Neurogastroenterol. Motil.* 18 (2), abril de 2012, pp. 123-130.

Iwami T., Kitamura T., Kawamura T. *et al.*, «Chest compression-only cardiopulmonary resuscitation for out-of-hospital cardiac arrest with public-access defibrillation: a nationwide cohort study», *Circulation* 126 (24), diciembre de 2012, pp. 2844-2851.

Krueger W. W., «Controlling motion sickness and spatial disorientation and enhancing vestibular rehabilitation with a user-worn see-through display», *Laryngoscope* 121, suppl. 2, pp. S17-35.

Mathers M. J., Sommer F., Degener S. *et al.*, «Premature ejaculation in urological routine practice», *Aktuelle Urol.* 44 (1), enero de 2013, pp. 33-39.

Odeh M. y Oliven A., «Hiccups and digital rectal massage», *Arch. Otolaryngol. Head Neck Surg.* 119 (12), diciembre de 1993, p. 1383.

Odeh M., Bassan H. y Oliven A., «Termination of intractable hiccups with digital rectal massage», *J. Intern. Med.* 227 (2), pp. 145-146.

Piagkou M., Demesticha T., Troupis T. *et al.*, «The pterygopalatine ganglion and its role in various pain syndromes: from anatomy to clinical practice», *Pain Pract.* 12 (5), junio de 2012, pp. 399-412.

Smith M. L., Beightol L. A., Fritsch-Yelle J. M. *et al.*, «Valsava's maneuver revisited: a quantitative method yielding insights into human autonomic control», *Am. J. Physiol.* 271 (3 Pt 2), septiembre de 1996, pp. H1240-1249.

Sorbara C., «The new guidelines on cardiopulmonary resuscitation. The anesthesiologist's point of view», *G. Ital. Cardiol.* 13 (11), noviembre de 2012, pp. 756-753.

Viehweg T. L., Roberson J. B. y Hudson J. W., «Epistaxis: diagnosis and treatment», J. *Oral. Maxillofac. Surg.* 64 (3), marzo de 2006, pp. 511-518.

7. Alcanzar la plenitud sexual

Arita R., Yanagi Y., Honda N. *et al.*, «Caffeine increases tear volume depending on polymorphisms within osine A2a receptor gene and cytochrome P450 1A2», *Ophtalmology* 119 (5), mayo de 2012, pp. 972-978.

Aron A., Fischer H., Mashek D. J. *et al.*, «Reward, motivation, and emotion systems associated withearly-stage intense romantic love», *J. Neurophysiol.* 94 (1), julio de 2005, pp. 327-337.

Aron E. N., Aron N. y Jagiellowicz J., «Sensory processing sensitivity: a review in the light of the evolution of biological responsivity», *Pers. Soc. Psychol. Rev.* 16 (3), agosto de 2012, pp. 262-282.

Bartels A. y Zeki S., *Neuroreport* 11 (17), noviembre de 2000, pp. 3829-3834.

— y —, *Neuroimage* 21, marzo de 2004, pp. 1155-1166.

Basler A. J., «Pilot study investigating the effects of Ayurvedic Abhyanga massage on subjective stress experience», *J. Altern. Complement Med.* 17 (5), mayo de 2011, pp. 435-440.

Bianchi-Demicheli F., Grafton S. T. y Ortigue S., «The power of love on the human brain», *Soc. Neurosci.* 1 (2), 2006, pp. 90-103.

Cambron J. A., Dexheimer J. y Coe P., «Changes in blood pressure after various forms of therapeutic massage: a preliminary study», *J. Altern. Complement Med.* 12 (1), enero-febrero de 2006, pp. 65-70.

Campo J., Perera M. A., Del Romero J. *et al.*, «Oral transmisión of HIV, reality or fiction? An update», *Oral. Dis.* 12 (3), mayo de 2006, pp. 219-228.

Cohen M. S., Shugars D. C. y Fiscus S. A., «Limits on oral transmission of HIV-1», *The Lancet* 356 (9226), 22 de julio de 2000, p. 272.

Corty E. W., «Perceived ejaculatory latency and pleasure in different outlets», *J. Sex. Med.* 5 (11), noviembre de 2008, pp. 2694-2702.

— Guardiani J. M., «Canadian and American sex therapist's perceptions of normal and abnormal ejaculatory latencies: how long should intercourse last?», *J. Sex. Med.* 5 (5), mayo de 2008, pp. 1251-1256.

Cox S. W., Rodríguez-González E. M., Booth V. y Eley B. M., «Secretory leukocyte protease inhibitor and its potential interactions with elastase and cathepsin B in gingival crevicular fluid and saliva from patients with chronic periodontitis», *J. Periodontal. Res.* 41 (5), octubre de 2006, pp. 477-485.

Crane J. D., Ogborn D. I., Cupido C. *et al.*, «Massage therapy uates inflammatory signaling after exercise-induced muscle damage», *Sci. Transl. Med.* 4 (119), 1 de febrero de 2012.

De Boer A., Van Buel E. M. y Ter Horst G. J., «Love is more than just a kiss: a neurobiological perspective on love and affection», *Neuroscience* 201, 10 de enero de 2012, pp. 114-124.

Denison F. C., Grant V. E., Calder A. A. y Kelly R. W., «Seminal plasma components stimulate interleukin-8 and interleukin-10 release», *Mol. Hum. Reprod.* 5 (3), marzo de 1999, pp. 220-226.

Diamond L. M. y Wallen K., «Sexual minority women's sexual motivation around the time of ovulation», *Arch. Sex. Behav.* 40 (2), abril de 2011, pp. 237-246.

—, Hicks A. M. y Otter-Henderson K. D., «Every time you go away: changes in affect, behaviour, and physiology associated with travel-related reparations from romantic partners», *J. Pers. Soc. Psychol.* 95 (2), agosto de 2008, pp. 385-403.

Doumas S., Kolokotronis A. y Stefanopoulos P., «Anti-inflammatory and antimicrobial roles of secretory leukocyte protease inhibitor», *Infect. Immun.* 73 (3), marzo de 2005, pp. 1271-1274.

Emanuela E. *et al., Pychoneuroendocrinology* 31 (3), abril 2006, pp. 288-294.

Forest C. P., Padma-Nathan H. y Liker H. R., «Efficacity and safety of pomegranate juice on improvement of erectile dysfunction in male patients with mild to moderate erectile dysfunction: a randomized placebo-controlled, double-blind, crossover study», *Int. J. Impot. Res.* 19 (6), noviembre-diciembre de 2007, pp. 564-567.

García F. D. y Thibaut F., «Sexual addictions», *Am. J. Drug Alcohol Abuse* 36 (5), septiembre de 2010, pp. 254-260.

Gelstein S., Yeshurun Y., Rozenkrantz L. *et al.*, «Human tears contain a chemosignal», *Science* 331 (6014), 14 de enero de 2011, pp. 226-230.

Goertz C. H., Grimm R. H., Svendsen K. y Grandits G., «Treatment of Hypertension with Alternative Therapies (THAT) Study: a randomized clinical trial», *J. Hypertens.* 20 (10), octubre de 2002, pp. 2063-2068.

Grewen K. M., Anderson B. J., Girdler S. S. y Light K. C., «Warm partner contact is related to lower cardiovascular reactivity», *Behav. Med.* 29 (3), 2003, pp. 123-130.

—, Girdler S. S. y Light K. C., «Relationship quality: effects on ambulatory blood pressure and negative affect in a biracial sample of men and women», *Blood Press. Monit.* 10 (3), junio de 2005, pp. 117-124.

Hardesteam J., Petterson L., Ahlm C. *et al.*, «Antiviral effect of human saliva against hantavirux», *J. Med. Virol.* 80 (12), diciembre de 2008, pp. 2122-2126.

Hendrie C. A. y Brewer G., «Kissing as an evolutionary adaptation to protect against Human Cytomegalovirus-like teratogenesis», *Med. Hypotheses* 72 (2), febrero de 2010, pp. 222-224.

Jefferson L. L., «Exploring effects of therapeutic massage and patient teaching in the practice of diaphragmatic breathing on blood pressure, stress, and anxiety in hypertensive African-American women: an intervention study», *J. Natl. black Nurses Assoc.* 21 (1), julio de 2010, pp. 17-24.

Kimata H., «Kissing selectively decreases allergen-specific IgE production in atopic patients», *J. Psychosom. Res.* 60 (5), mayo de 2006, pp. 545-547.

Kort H. I., Massey J. B., Elsner C. W. *et al.*, «Impact of body mass index values on sperm quantity and quality», *J. Androl.* 27 (3), mayo-junio de 2006, pp. 450-452.

Maloney J. M., Chapman M. D. y Sicherer S. H., «Peanut allergen exposure through saliva: assessment and interventions to reduce exposure», *J. Allergy Clin. Immunol.* 118 (3), septiembre de 2006, pp. 719-724.

Moeini M., Givi M., Ghasempour Z. y Sadeghi M., «The effect of massage therapy on blood pressure of women with prehypertension», *Iranian J. of Nursing and Midwifery Research* 16 (1), invierno de 2011, pp. 61-70.

Olney C. M., «The effect of therapeutic back massage in hypertensive persons: a preliminary study», *Biol. Res. Nurs.* 7 (2), octubre de 2005, pp. 98-105.

Ortigue S. *et al.*, *J. of Sexual Medicine* 7 (11), noviembre de 2010, pp. 3541-3552.

Pfaffe T., Cooper-White J., Beyerlein P. *et al.*, «Diagnostic potencial of saliva: current state and future applications», *Clin. Chem.* 57 (5), mayo de 2011, pp. 675-687.

Rieger G. y Savin-Williams R. C., «The yes have it: sex and sexual orientation differences in pupil dilation patterns», *Plos One* 7 (8), 2012.

Sharkey D. J., Tremellen K. P., Jasper M. J. *et al.*, «Seminal Fluid Induces Leukocyte Recruitment and Cytokine and Chemokine mRNA Expression in the Human Cervix after Coitus», *The Journal of Immunology* 188 (5), 1 de marzo de 2012, pp. 2445-2454.

Shugars D. C., Sweet S. P., Malamud D. *et al.*, «Saliva and inhibition of HIV-1 infection: molecular mechanisms», *Oral. Dis.* 8, suppl. 2, pp. 169-175.

Smith M., Geffen N., Alasbali T. *et al.*, «Digital ocular massage for hypertensive phase after Ahmed valve surgery», *J. Glaucoma* 19 (1), enero de 2010, pp. 11-14.

Waldinger M. D. y Schweitzer D. H., «Retarded ejaculation in men: an overview of psychological and neurobiological insights», *World J. Urol.* 23 (2), junio de 2005, pp. 76-81.

—, «Persistent genital arousal disorder in 18 Dutch women: Part II. A syndrome clustered with restless legs and overactive bladder», *J. Sex. Med.* 6 (2), febrero de 2009, pp. 482-497.

Waldinger M. D., Van Gils A. P., Ottervanger H. P. *et al.,* «Persistent genital arousal disorder in 18 Dutch women: Part I. MRI, EEG, and transvaginal ultrasonography investigations», *J. Sex. Med.* 6 (2), febrero de 2009, pp. 474-481.

Welling L. L., Jones B. C., DeBruine L. M. *et al.*, «Men report stronger attraction to femininity in women's faces when their testosterone levels are high», *Horm. Behav.* 54 (5), noviembre de 2008, pp. 703-708.

Werner C., Fürster T., Widmann T. *et al.,* «Physical exercise prevents cellular senescence in circulating leukocytes and in the vessel wall», *Circulation* 120 (24), 15 de diciembre de 2009, pp. 2438-2447.

Wiesner J. y Vilcinskas A., «Antimicrobial peptides: the ancient arm of the human immune system», *Virulence* 1 (5), septiembre-octubre de 2010, pp. 440-464.

Younger J., Aron A., Parke S. *et al.,* «Viewing pictures of romantic partner reduces experimental pain: involvement of neural reward systems», *PLos One* 5 (10), 13 de octubre de 2010, e13309.

Younger J. *et al.*, *Plos One* 5 (10), octubre de 2010.

8. Eliminar el estrés y la depresión

Ditzen B., Neumann I. D., Bodenmann G. *et al.*, «Effects of different kinds of couple interaction on cortisol and heart rate responses to stress in women», *Psychoneuroendocrinology* 32 (5), junio de 2007, pp. 565-574.

Grewen K. M., Girdler S. S., Amico J. y Light K. C., «Effects of partner support on resting oxytocin, cortisol, norepinephrine, and blood pressure before and after warm partner contact», *Psychosom. Med*. 67 (4), julio-agosto de 2005, pp. 531-538.

Gruber J., Kogan A., Quoidbach J. y Mauss I. B., «Happiness is best kept stable: Positive emotion variability is associated with poorer psychological health», *Emotion* 13 (1), febrero de 2013, pp. 1-6, departamento de psicología.

Light K. C., Grewen K. M. y Amico J. A., «More frequent partner hugs and higher oxytocin levels are linked to lower blood pressure and heart rate in premenopausal women», *Biol. Psychol*. 69 (1), abril de 2005, pp. 5-21.

Massolt E. T., Van Haard P. M., Rehfeld J. F. *et al.*, «Appetite suppression through smelling of dark chocolate correlates with changes in ghrelin in young women», *Regul. Pept.* 161 (1-3), 9 de abril de 2010, pp. 81-86.

McLauglin N., «Happiness is a warm hug. Research suggests keeping employees happy is a great wellness program», *Mod. Healthc.* 38 (47), 24 de noviembre de 2008, p. 18.

9. Entrenar el cerebro

Abel E. L. y Kruger M. L., «Age heterogamy and longevity: evidence from Jewish and Christian cemeteries», *PubMed*-indexado para MEDLINE.

Abel E. L. y Kruger M. L., «Symbolic significance of initials on longevity», *PubMed*-indexado para MEDLINE.

—, Kruger M. M. y Pandya K., «Sopranos but not tenors live longer», *Aging Male* 15 (2), junio de 2012, pp. 109-110.

Almqvist C., Garden F., Kemp A. S., CAPS Investigators *et al.*, «Effects of early cat or dog ownership on sensitisation and asthma in a high-risk cohort without disease-related modification of exposure», *Paediatr Perinat Epidemiol* 24 (2), marzo de 2010, pp. 171-178.

Bedrosian T. A., Fonken L. K., Walton J. C. *et al.,* «Dim light at night provokes depression-like behaviors and reduces CA1 dendritic spine density in female hamsters», *Psychoneuroendocrinology* 36 (7), agosto de 2011, pp. 1062-1069.

Bjornerem A., Ahmed L. A., Jorgensen L. *et al.*, «Breastfeeding protects against hip fracture in postmenopausal women: the Tromso study», *J. Bone Miner. Res.* 26 (12), diciembre de 2011, pp. 2843-2850.

Brock K. E., Berry G., Brinton L. A. *et al.*, «Sexual, reproductive and contraceptive risk factors for carcinoma-in-situ of the uterine cervix in Sidney», *Med. J. Aust.* 150 (3), 6 de febrero de 1989, pp. 125-130.

Choi K. S., «The effects of teacher expectancy and self-expectancy on performance», *Shinrigaku Kenkyu* 58 (3), agosto de 1987, pp. 181-185.

Cutt H., Giles-Corti B., Knuiman M. y Burke V., «Dog ownership, health and physical activity: a critical review of the literature», *Health Place* 13 (1), marzo de 2007, pp. 261-272.

Freudenheim J. L., Marshall J. R., Vena J. E. *et al.*, «Lactation history and breast cancer risk», *Am. J. Epidemiol.* 146 (11),1 de diciembre de 1997, pp. 932-938.

Ho A. J., Raji C. A., Saharan P., Alzheimer's Disease Neuroimaging Initiative *et al.*, «Hippocampal volume is related to body mass index in Alzheinmer's disease», *Neuroreport* 22 (1), 5 de enero de 2011, pp. 10-14.

Kaur B., Chiocca E. A. y Cripe T. P., «Oncolytic HSV-1 virotherapy: clinical experience and opportunities for progress», *Curr. Pharm. Biotechnol.*, 8 de julio de 2011.

Kraft T. L. y Pressman S. D., «Grin and bear it: the influence of manipulated facial expression on the stress response», *Psychol. Sci.* 23 (11), 2012, pp. 1372-1378.

Pace T. W., Negi L. T., Adame D. D. *et al.*, «Effect of compassion meditation on neuroendocrine, innate immune and behavioural responses to psychosocial stress», *Psychoneuroendocrinology* 34 (1), enero de 2009, pp. 87-98.

Paul-Labrador M., Polk D., Dwyer J. H. *et al.*, «Effects of a randomized controlled trial of transcendental meditation on components of the metabolic syndrome in subjects with coronary heart disease», *Arch. Intern. Med.* 166 (11), 12 de junio de 2006, pp. 1218-1224.

Presl J., «Pregnancy and breast feeding decreases the risk of ovarian carcinamo», *Cesk Gynekol.* 46 (7), agosto de 1981, pp. 541-544.

Radon K., Schulze A. y Nowak D., *Unit for occupational and environmental epidemiology and net teaching,* Institute for Occupational and Environmental Medicine, Ludwig-Maximilians-University, Múnich (Alemania).

Rainforth M. V., Schneider R. H., Nidich S. I. *et al.*, «Stress reduction programs in patients with elevated blood pressure: a systematic review and meta-analysis», *Curr. Hypertens ReP.* 9 (6), diciembre de 2007, pp. 520-528.

Raji C. y Lipton R., «Eating fish reduces risk of Alzheimer's disease», *Radiological Society of North America,* 30 de noviembre de 2011.

Schneider R., Nidich S., Kotchen J. M. *et al.*, «Effects of Stress Reduction on Clinical Eventsin Heart Disease: A Randomized Controlled Trial», *Circulation* 120, 2009, S461.

Schneider R. H., Walton K. G., Salerno J. W. y Nidich S. I., «Cardiovascular disease prevention and health promotion with the transcendental meditation program and Maharishi consciousness-based health care», *Ethn. Dis.* 16 (3), suppl. 4, verano de 2006, S4-15-26.

Weinstein R. S., Marshall H. H., Sharp L. y Botkin M., «Pygmalion and the student: age and classroom differences in children's awareness of teacher expectations», *Child Dev.* 58 (4), agosto de 1987, pp. 1079-1093.

Xu X., Aron A., Brown L. *et al.,* «Reward and motivation systems: a brain mapping study of early-stage intense romantic love in Chinese participants», *Hum. Brain Mapp.* 32 (2), febrero de 2011, pp. 249-257.

10. MAGNETISMO, CLARIVIDENCIA Y CURACIONES MISTERIOSAS

Adachi N., Adachi T., Kimura M. *et al.*, «Dermographic and psychological features of *déjà vu* experiences in a nonclinical Japanese population», *J. Nerv. Ment. Dis.* 191 (4), abril de 2003, pp. 242-247.

Adachi T., Adachi N., Takekawa Y. *et al.*, «*Déjà vu* experiences in patients with schizophrenia», *Compr. Psychiatry* 47 (5), septiembre-octubre de 2006, pp. 389-393.

Ahmad F., Quinn T. J., Dawson J. y Walters M., «A link between lunar phase and medically unexplained stroke symptoms: an unearthly influence?», *J. Psychosom.* 65 (2), agosto de 2008, pp. 131-133.

Bayes H. K., Weir C. J. y O'Leary C., «Timing of birth and risk of multiple sclerosis in the Scottish population», *Eur. Neurol.* 63 (1), 2010, pp. 36-40.

Brown A. S., «A review of *déjà vu* experience», *Psychol. Bull.* 129 (3), mayo de 2003, pp. 394-413.

Chi R. P. y Snyder A. W., «Brain stimulation enables the solution of an inherently difficult problem», *Neurosci. Lett.* 515 (2), 2 de mayo de 2002, pp. 121-124.

Chi R. P., Fregni F. y Snyder A. W., «Visual memory improved by non-invasive brain stimulation», *Brain Res.* 1353, 24 de septiembre de 2010, pp. 168-175.

Cleary A. M., Brown A. S., Sawyer B. D. *et al.*, «Familiarity from the configuration of objects in 3-dimentional space and its relation to *déjà vu:* a virtual reality investigation», *Conscious. Cogn.* 21 (2), junio de 2012, pp. 969-975.

—, Ryals A. J. y Nomi J. S., «Can *déjà vu* result from similarity to a prior experience? Support for the similarity hypothesis of *déjà vu*», *Psychon. Bull. Rev.* 16 (6), diciembre de 2009, pp. 1082-1088.

Crumbaugh J. C. y Stockhilm E., «Validation of graphoanalysis by "global" or "holistic" method», *Percept. Mot Skills* 44 (2), abril de 1977, pp. 403-410.

Dalen J., Smith B. W., Chelley B. M. *et al.*, «Pilot study: Mindful Eating and Living (MEAL): weight, eating behaviour, and psychological outcomes associated with a mindfulness-based intervention for people with obesity», *Complement. Ther. Med.* 18 (6), diciembre de 2010, pp. 260-264.

Disanto G., Handel A. E., Para A. E. *et al.*, «Season of birth and anorexia nervosa», *The British Journal of Psychiatry,* 17 de marzo de 2011.

Fee E. y Brown T. M., «The unfulfilled promise of public health: *déjà vu* all over again», *Health Aff (Millwood)* 21 (6), noviembre-diciembre de 2002, pp. 31-43.

Hadlaczky G. y Westerlund J., «Sensitivity to coincidences and paranormal belief», *Percept. Mot. Skills* 113 (3), diciembre de 2011, pp. 894-908.

Hardy S. E., Perera S., Roumani Y. F. *et al.*, «Improvement in usual gait speed predicts better survival in older adults», *J. Am. Geriatr. Soc.* 55 (11), noviembre de 2007, pp. 1727-1734.

Huber S. y Fieder M., «Perinatal winter conditions affect later reproductive performance in Romanian women: intra and intergenerational effects», *Am. J. Hum. Biol.* 2 3(4), julio-agosto de 2011, pp. 546-552.

—, «Strong association between birth month and reproductive performance of Vietnamese women», *Am. J. Hum. Biol.* 21 (1), enero-febrero de 2009, pp. 25-35.

Hurley D., «Growing list of positive effects of nicotine seen in neurodegenerative disorders», *Neurology Today* 12 (2), 19 de enero de 2012, pp. 37-38.

Lynn S. J., Kirsch I., Barabasz A. *et al.*, «Hypnosis as an empirically supported clinical intervention: the state of the evidence and a look to the future», *Int. J. Clin. Exp. Hypn.* 48 (2), abril de 2000, pp. 239-259.

Molaee Govarchin Ghalae H., Zare S., Choopanloo M. y Rahimian R., «The lunar cycle: effect of full moon on renal colic», *Urol. J.* 8 (2), primavera de 2011, pp. 137-140.

Morrow R. L., Garland E. J., Wright J. M. *et al.*, «Influence of relative age on diagnosis and treatment of attention-deficit/hyperactivity disorder in children», *CMAJ* 184 (7), 17 de abril de 2012, pp. 755-762.

Mouly S., Mahé I., Champion K. *et al.*, «Graphology for the diagnosis of suicide attempts: a blind proof of principle controlled study», *Int. J. Clin. Pract.* 61 (3), marzo de 2007, pp. 411-415.

Newrick P. G., Affie E. y Corrall R. J., «Relationship between longevity and lifeline: a manual study of 100 patients», *J. R. Soc. Med.* 83 (8), agosto de 1990, pp. 499-501.

Nilsson L., Björksten B., Hattevig G. *et al.*, «Season of birth as predictor of atopic manifestations», *Arch. Dis. Child.* 76 (4), abril de 1997, pp. 341-344.

Phillips D. P., Van Voorhees C. A. y Ruth T. E., «The birthday: lifeline or deadline?», *Psychosom Med.* 54 (5), septiembre-octubre de 1992, pp. 532-542.

Quick M., O'Leary K. y Tanner C. M., «Nicotine and Parkinson's disease: implications for therapy», *Mov. Disord.* 23 (12), 15 de septiembre de 2008, pp. 1641-1652.

Rieger G. y Savin-Williams R. C., «The eyes have it: sex and sexual orientation differences in pupil dilatation patterns», *PLos One* 7 (8), 2012, e40256.

Roman E. M., Soriano G., Fuentes M. *et al.*, «The influence of the full moon on the number of admissions related to gastrointestinal bleeding», *Int. J. Nurs. Pract.* 10 (6), diciembre de 2004, pp. 292-296.

Ross G. W. y Petrovitch H., «Current evidence for neuroprotective effects of nicotine and caffeine against Parkinson's disease», *Drugs Aging* 18 (11), 2011, pp. 797-806.

Schaller M., Miller G. E., Gervais W. M. *et al.*, «Mere visual perception of other people' disease symptoms facilitates a more aggressive immune response», *Psychol. Sci.* 21 (5), mayo de 2010, pp. 649-652.

Sheldrake R. y Smart P., «Testing for telepathy in connection with e-mails», *Percept. Mot. Skills* 101 (3), diciembre de 2005, pp. 771-786.

Silverstein R. G., Brown A. C., Roth H. D. y Britton W. B., «Effects of mindfulness training on body awareness to sexual stimuli: implications for female sexual dysfunction», *Psychosom Med.* 73 (9), noviembre-diciembre de 2011, pp. 817-825.

Sorensen H. T., Pedersen L., Norgard B. *et al.*, «Does month of birth affect risk of Crohn's disease in childhood and adolescence?», *BMJ* 323 (7318), 20 de octubre de 2011, p. 907.
Snyder A., Bahramali H., Hawker T. y Mitchell D. J., «Savant-like numerosity skills revealed in normal people by magnetic pulses», *Perception* 35 (6), 2006, pp. 837-845.
Toulorge D., Guerreiro S., Hild A. *et al.*, «Neuroprotection of midbrain dopamine neurons by nicotine is gated by cytoplasmic 2+Ca», *FASEBJ* 25 (8), agosto de 2011, pp. 2563-2573.
Van Ranst M., Joossens M., Joossens S. *et al.*, «Crohn's disease and month of birth», *Inflamm. Bowel. Dis.* 11 (6), junio de 2005, pp. 597-599.
Willer C. J., Dyment D. A., Sadovnick A. D., Canadian Collabortive Study Group *et al.*, «Timing of birth and risk of multiple sclerosis: population based study», *BMJ* 330 (7483), 15 de enero de 2005, p. 120.
Woodard F. J., «A phenomenological study of spontaneous spiritual and paranormal experiences in a 21st-century sample of normal people», *Psychol. Rep.* 110 (1), febrero de 2012, pp. 73-132.

EPÍLOGO

Costanzo J. P., Lee R. E. Jr. y Lortz P. H., «Glucose concentration regulates freeze tolerance in the wood frog *Rana sylvatica*», *J. Exp. Biol.* 181, agosto de 1993, pp. 245-255.
Ferreira L. M. y Mostajo-Radji M. A., «How induced pluripotent stem cells are redefinning personalized medicine», *Gene.*, 4 de marzo de 2013. Department of Stem Celland Regenerative Biology, Universidad de Harvard, Cambridge, Massachusetts (Estados Unidos).
Ieda M., «Heart regeneration using reprogramming technology», *Proc. Jpn Acad. Ser. B. Phys. Biol. Sci.* 89 (3), 2013, pp. 118-128.
Kao L. S., Boone D., Mason R. J. *et al.*, «Antibiotics *vs* Appendectomy for uncomplicated acute appendicitis», *J. Am. Coll. Surg.* 216 (3), marzo de 2013, pp. 501-505.

Munro D. y Blier P. U., «The extreme longevity of *Arctica islandica* is associated with increased peroxidation resistance in mitochondrial membranes», *Aging Cell* 11 (5), octubre de 2012, pp. 845-855.

Sullivan K. J. y Storey K. B., «Environmental stress responsive expression of the gene li16 in *Rana sylvatica*, the freeze tolerant wood drog», *Cryobiology* 64 (3), junio de 2012, pp. 192-200.

Ungvari Z., Ridgway I., Philipp E. E. *et al.*, «Extreme longevity is associated with increased resistance to oxidative stress in *Arctica islandica*, the longest-living non-colonial animal», *J. Gerontol. A. Biol. Sci. Med. Sci.* 66 (7), julio de 2011, pp. 741-750.

Zhang J. y Storey K. B., «Cell cycle regulation in the freeze tolerant wood frog, *Rana sylvatica*», *Cell cycle* 11 (9), 1 de mayo de 2012, pp. 1727-1742.

Este libro se termino de imprimir en el mes de
Mayo de 2014, en Edamsa Impresiones, S.A. de C.V.
Av. Hidalgo No. 111, Col. Fracc. San Nicolás Tolentino C.P. 09850,
Del. Iztapalapa, México, D.F.